ENTRENANDO LÍDERES RADICALES

Un manual de entrenamiento
de líderes en grupos pequeños e
iglesias domésticas, para que lideren
movimientos de plantación de iglesias

Entrenando Líderes Radicales

Un manual para ayudar a entrenar líderes en grupos pequeños e iglesias domésticas para que dirijan movimientos de plantación de iglesias

Por Daniel B. Lancaster, PhD

Publicado por: T4T Press

Primera impresión: 2013

Todos los derechos reservados. Ninguna parte de este libro puede ser reproducida o transmitida en cualquier forma o por cualquier medio, electrónico o mecánico, incluyendo fotocopias, grabación o cualquier sistema de almacenamiento y recuperación de información sin el permiso escrito del autor, excepto por la inclusión de breves citas en una reseña.

Derechos de autor 2013 por Daniel B. Lancaster

ISBN 978-1-938920-78-3 impresa

Todas las citas bíblicas, a menos que se indique lo contrario, son de la SANTA BIBLIA, NUEVA VERSIÓN INTERNACIONAL ® NVI ® © Derechos reservados 1973, 1978, 1984 por la Sociedad Bíblica Internacional. Usado con permiso de Zondervan. Todos los derechos reservados.

Contenido

Prólogo 7
Agradecimientos 9
Prefacio 11

Parte 1: Lo Básico

La Estrategia de Jesús 17
Entrenando Líderes 20
Los Principios del Entrenamiento 25

Parte 2: Entrenamiento En Liderazgo

Bienvenida 31
Entrenando Como Jesús 45
Liderando Como Jesús 58
Crecer Fuerte 73
Más Fuertes Juntos 87
Comparte el Evangelio 100
Haz Discípulos 117
Inicia Grupos 134
Multiplica los Grupos 151
Sigue a Jesús 168

Parte 3: Recursos

Estudio Adicional 181
Apéndice A – Preguntas más frecuentes 182
Apéndice B – Listas de Control 194
Apéndice C – Notas para el Traductor 196
Apéndice D – Mi Plan de Jesús 198

En memoria de Tom

Prólogo

Hacer que el ministerio de iglesias sea más eficaz es un desafío constante. Las personas involucradas en servir a Jesús saben que pocos asuntos son más importantes como el de asegurarse que se utilicen métodos eficaces de entrenamiento para creyentes. Uno de los métodos más eficaces de entrenamiento de creyentes en este momento es la serie de *Entrenamiento Siguiendo a Jesús*. El primer libro de la serie, *Haciendo Discípulos Radicales*, ofrece lecciones fácilmente reproducibles para la transformación de los nuevos creyentes en discípulos que emulen a Cristo. El presente segundo libro da un paso más allá y ofrece lecciones para que los discípulos que emulen a Cristo sean transformados en líderes que multipliquen grupos. *Entrenando Líderes Radicales*, por Dan Lancaster, es un plan comprobado para la formación. Es práctico y lúcido en su enseñanza – ofreciendo dramatizaciones, imágenes y prácticas con las manos para aquellos que están siendo entrenados.

Entrenando Líderes Radicales es sin duda uno de los métodos más eficaces de formación sistemática de creyentes para el ministerio. Este material no sólo es eficaz, sino que ayuda a acelerar el desarrollo del liderazgo. Las lecciones se anticipan a las necesidades de los líderes, dan una visión de cómo debe lucir un líder piadoso, así como los pasos a seguir en la plantación de nuevas iglesias. Este libro mira hacia el futuro y ayuda a los líderes que están siendo formados, a levantar otros líderes y capacitarlos también. *Entrenando Líderes Radicales* ayuda a los líderes a entenderse a sí mismos, así como a aquellos con quienes trabajan, bajo una nueva luz mediante el uso de ocho imágenes relacionadas con la personalidad.

En su conjunto, las *Series de Entrenamiento Siguiendo a Jesús* preparan a los nuevos creyentes de una forma holística. Este segundo libro de la serie sigue el método útil y práctico iniciado en el primer libro. El ministerio del Rey de Reyes exige sólo lo mejor en el método. Aquí tenemos un plan de formación de líderes que cumple con esos requisitos.

Roy J. Fish

Agradecimientos

Cada texto formativo es una recopilación de las lecciones aprendidas en la vida. La *Serie de Entrenamiento Siguiendo a Jesús* no es una excepción. Tengo una deuda de gratitud con muchas personas que me han formado, para que yo pueda, a su vez, poder capacitar a otros.

Varios amigos en el sudeste de Asia trabajaron codo a codo conmigo para desarrollar estos materiales de capacitación en liderazgo. Gracias a David Gilbert, Whitfield Jeri, Garrison Craig, Steve Smith, Mims Neill, y Thingpen Woody & Lynn por sus ideas, apoyo y ayuda. Hemos recorrido juntos este camino por muchos años.

Varios líderes espirituales han influido significativamente en mi vida y me gustaría darles las gracias. El Dr. Ricky París me enseñó a buscar a Dios con todo mi corazón. Gaylon Lane, L.D. Baxley y Tom Popelka modelaron un amor incondicional y un liderazgo espiritual durante una dura etapa de mi peregrinaje. El Dr. Elvin McCann alentó el fuego de misiones que Dios ha puesto dentro de mí. El Rev. Nick Olson me mostró cómo ser un hombre de estrategia e integridad. El Dr. Ben Smith me introdujo a Jesús y se ha mantenido como confidente desde entonces. El Dr. Roy Fish me transmitió una visión para la multiplicación de discípulos, muy temprano en mi ministerio. El Rev. Ron Capps me enseñó que "el líder más grande es el mejor siervo." Gracias a todos por formarme como un líder, para que yo pudiera formar a otros.

Tom Wells sirvió como líder de adoración en Highland Fellowship, la segunda iglesia que plantamos. Siendo un músico talentoso y un querido amigo, Tom y yo tomamos muchos cafés juntos hablando de los ocho retratos de Cristo. Él me ayudó a desarrollar el método simple de descubrimiento de la personalidad utilizado en *Entrenando Líderes Radicales*. Organizamos la iglesia y planificamos ministerios sobre la base de los ocho retratos de Cristo. También proporcionamos servicios de consultoría a iglesias locales acerca de la salud de la iglesia. Aunque ahora estés con el Señor, Tom, ten por seguro que tu trabajo continúa, te recordamos y te extrañamos mucho.

También tengo un agradecimiento especial para David y Jill Shanks que han contribuido a este proyecto. Su generosidad permitió que innumerables creyentes en Asia crezcan fortalecidos en el discipulado, liderazgo y la plantación de iglesias. La línea en el cielo será larga, a la espera de decir "Gracias".

Por último, mi familia ofrece este libro como un regalo para la tuya. Holli, mi esposa y mis hijos, Jeff, Zach, Karis, y Zane, todos se sacrificaron y apoyaron este esfuerzo para desarrollar líderes apasionados, espirituales y llevar sanación a las naciones.

Daniel B. Lancaster, PhD.
Sudeste de Asia

Prefacio

Dios concedió a nuestra familia el privilegio de fundar dos iglesias en los Estados Unidos. La primera iglesia estaba en Hamilton, Texas, la capital de uno de los condados más pobres del estado. Los recuerdos de cómo Dios proveyó para que ese grupo poderoso de creyentes pueda construir el edificio de una iglesia para 200 personas, sin contraer deudas, en medio de tiempos económicos difíciles, todavía calienta los corazones hoy en día. Dios cambió la vida de todos nosotros cuando se acordó de Hamilton.

Comenzamos la fundación de nuestra segunda iglesia en Lewisville, Texas. Yo había pasado mis años de escuela intermedia y secundaria en Lewisville, un suburbio progresista en el área de Dallas y Fort. Worth. Mi iglesia local, Lakeland Baptist, patrocinó la plantación de la iglesia y generosamente nos apoyó económicamente, emocionalmente y espiritualmente. Fuimos la decimoctava iglesia que habían fundado en la zona. Debido a nuestra experiencia previa como sembradores de iglesias, el pastor nos pidió iniciar la iglesia sin un grupo inicial, basándonos esencialmente en las visitas de puerta a puerta.

Dos meses desde la plantación de la iglesia, me atacó mucho dolor en todo mi cuerpo y sufrí de fatiga severa. Los médicos identificaron la enfermedad como lupus el mismo día que nació nuestro cuarto hijo. Pruebas posteriores alteraron el diagnóstico a espondilitis anquilosante - una enfermedad artrítica que compromete la columna vertebral, las costillas y las articulaciones de la cadera. Poderosos analgésicos me daban un poco de alivio, pero también me causaban somnolencia. Podía trabajar dos horas al día como máximo y pasaba el resto del tiempo descansando y rezando.

Este período en nuestro ministerio era una "noche oscura del alma." La fatiga y el dolor limitaron todo. A pesar de que estaba muy enfermo, sentíamos que Dios todavía nos llamaba para iniciar la iglesia. Le pedimos que nos liberara, pero nos respondió recordándonos que su gracia era suficiente. Nos sentimos como si Dios nos hubiera dejado, pero su amor nunca quedó en duda. Cuestionamos nuestro llamado, pero Él siguió acercándonos a su lado y nos daba esperanza. Nos preguntamos si Dios nos estaba castigando por algún pecado desconocido, pero nos llenó de fe saber que Él salvaría a las personas perdidas y las devolvería a su familia. Un día, nuestro sueño de ir al campo misionero poco a poco se desvaneció y desapareció con el tiempo.

¿Cómo invertirías tu tiempo, si sólo pudieras trabajar dos horas al día en una nueva iglesia? Dios nos llevó a centrarnos en el desarrollo de líderes. Aprendí a pasar una hora con las personas en el almuerzo, y dejarlos con un plan estratégico para el próximo mes, por lo general ¡escrito en una servilleta! Un espíritu de multiplicación desarrollado, basado en entrenar otros, quienes a su vez entrenarían a otros. Ayudamos a la gente a descubrir la manera en que Dios los había "cableado" y cómo permanecer en Cristo de manera práctica. Muchos adultos y niños entraron en el Reino, a pesar del sufrimiento físico que enfrentábamos.

Tres años después de mi enfermedad, empezamos a tomar un nuevo medicamento que cambió nuestra noche en día. El dolor y la fatiga se hicieron manejables. En lugar de regresar al viejo modelo del pastor haciendo de todo, persistimos en el mismo camino desarrollando líderes. Cuatro años después de fundar la iglesia, realicé un viaje visión al sudeste de Asia con un amigo. Cuando me bajé del avión en el país extranjero, Dios habló a mi corazón y dijo: "Estás en casa". Llamé a mi esposa esa noche y me confirmó que Dios había realizado el mismo llamado a los dos. Un año más tarde, vendimos todo lo que teníamos, empacamos nuestra familia de cuatro, y nos mudamos al sudeste asiático.

Prefacio

Trabajamos en un país cerrado y comenzamos a hacer discípulos. Le pedimos a Dios que nos dé tres hombres y tres mujeres en los que podríamos derramar nuestras vidas, siguiendo el ejemplo de Jesús de centrarse en Pedro, Santiago y Juan. Dios respondió a nuestras oraciones y nos envió personas que pudiéramos tener a nuestro lado y entrenarlos, como Bernabé entrenó a Pablo. Al formar más y más seguidores de Jesús, estas personas iniciaron muchos grupos nuevos, algunos de los cuales se convirtieron en iglesias. A medida que crecían, los grupos e iglesias vieron la necesidad de más y mejores líderes. El país en el que servíamos también sufría de un vacío de liderazgo y un desarrollo de liderazgo disperso. Comenzamos un estudio exhaustivo de cómo Jesús preparó a sus discípulos como líderes. Enseñamos lo aprendido a nuestros amigos locales e hicimos un interesante descubrimiento, formar discípulos y formar líderes son dos caras de una misma moneda. "Hacer discípulos", describe el comienzo del viaje y la "formación de líderes", describe el continuar de ese viaje. También descubrimos que cuanto más reflejábamos a Jesús, nuestro entrenamiento se hacía más reproducible.

Las lecciones reproducibles transmitidas a los líderes son las que componen este manual de capacitación. Jesús es el más grande líder de todos los tiempos y vive en Sus seguidores. Al seguirlo, nos convertimos en mejores líderes. Que Dios los bendiga como líderes y al pueblo que influyan a través de este manual de capacitación. Muchos líderes han formado con éxito a varias generaciones de líderes con estos materiales y pedimos la bendición de Dios en tu vida cuando hagas lo mismo.

Parte 1
Lo Básico

La Estrategia de Jesús

La estrategia de Jesús para alcanzar a las naciones consiste en cinco tácticas: Sé fuerte en Dios, comparte el evangelio, haz discípulos, inicia grupos que se conviertan en iglesias y desarrolla líderes. Aunque cada táctica es independiente, éstas se unen para crear un proceso sinérgico. El material en el *Entrenamiento Siguiendo a Jesús* permite a los formadores ser catalizadores del movimiento de plantación de iglesias entre su gente, simplemente siguiendo a Jesús.

El Entrenamiento Siguiendo a Jesús comienza con Haciendo Discípulos Radicales y las cuatro primeras tácticas en la estrategia de Jesús. Los discípulos aprenden a orar, obedecer los mandamientos de Jesús, y caminar en el poder del Espíritu Santo (Sé Fuerte en Dios). Luego, los discípulos descubren cómo unirse a Dios, donde Él esté trabajando y a compartir su testimonio – un arma poderosa en la guerra espiritual. A continuación, aprenden a compartir el Evangelio e invitar a las personas a la familia de Dios (Comparte el Evangelio). Al completar el curso, a los líderes se les proporciona las herramientas para fundar un pequeño grupo, para proyectar una visión para la multiplicación y obtienen un plan para llegar a su comunidad (Inicia Grupos).

Mientras los formábamos y entrenábamos, los discípulos en crecimiento expresaron dos sentidas necesidades. Los líderes emergentes se preguntaron cómo crecer como líderes espirituales y qué medidas eran necesarias para la transición de un grupo a una iglesia. Debido a que las tácticas en la estrategia de Jesús no son secuenciales, algunos discípulos solicitaron formación de liderazgo y luego, entrenamiento en plantación de iglesias. Otros discípulos invirtieron ese orden. Como resultado de ello, se comenzó a ofrecer dos seminarios de capacitación adicionales a los discípulos que utilizaron *Haciendo Discípulos Radicales* y fueron fieles al capacitar a otros.

Iniciando Iglesias Radicales ayuda a iglesias existentes a fundar nuevos grupos e iglesias – la cuarta táctica en la estrategia de Jesús. Pocos líderes han comenzado una iglesia y un error frecuente es el copiar la estructura de la iglesia actual en la nueva iglesia. Este enfoque casi garantiza que se obtenga escasos resultados. *Iniciando Iglesias Radicales* evita este error entrenando a los discípulos en cómo seguir los ocho mandamientos de Cristo que la Iglesia primitiva obedeciera en Hechos 2. El grupo trabaja a través de aplicaciones prácticas de cada mandamiento y desarrolla en conjunto un pacto. Si el grupo siente que Dios los está guiando, el seminario concluye con una ceremonia de celebración y dedicación como una nueva iglesia.

Entrenando Líderes radicales ayuda a los líderes a entrenar a otros para que se conviertan en líderes apasionados y espirituales – la quinta **táctica en la estrategia de Jesús. Un ingrediente clave en los movimientos de plant**ación de iglesias es el desarrollo del liderazgo. El seminario muestra a los líderes el proceso que Jesús usó para entrenar a líderes y las siete cualidades de liderazgo de Jesús, el más grande líder de todos los tiempos. Los **líderes** descubren su tipo de personalidad y las maneras de enseñar a personas con diferentes personalidades a trabajar juntos. Por último, los líderes desarrollan un "Plan de Jesús", basada en doce principios de ministerio que Jesús dio a los discípulos en Lucas 10. El seminario se cierra con los líderes compartiendo su "Plan de Jesús" y orando juntos. Los líderes se comprometen a entrenarse los unos a los otros y desarrollar nuevos líderes.

Ambos, *Iniciando Iglesias Radicales* y *Entrenando Líderes Radicales* enseñan a los discípulos a imitar el ministerio de Jesús y su método. Los capacitadores dan a los líderes herramientas reproducibles que puedan dominar y compartir con otros. El *Entrenamiento Siguiendo a Jesús* no es un curso a aprender, sino una manera de vivir. Durante más de dos mil años, Dios ha bendecido y cambiado muchas vidas mediante la simplicidad de seguir a su Hijo. Creyentes han seguido la estrategia de Jesús y han visto transformadas culturas enteras. Que Dios haga lo mismo en tu vida y entre las personas que entrenas para seguir a Jesús.

Entrenando Líderes

Entrenando Líderes Radicales se basa en el primer curso, *Haciendo Discípulos Radicales*, y asiste a los que, como líderes, han ayudado a hacer crecer grupos y a multiplicarlos.

Resultados Del Entrenamiento

Después de completar este seminario de entrenamiento, los alumnos podrán:

- Enseñar a otros líderes diez lecciones principales de liderazgo.
- Capacitar a otros líderes utilizando un proceso reproducible modelado por Jesús.
- Identificar los diferentes tipos de personalidad y ayudar a la gente a trabajar juntos como un equipo.
- Desarrollar un plan estratégico para involucrar a los perdidos espiritualmente en su comunidad y multiplicar nuevos grupos.
- Comprender cómo dirigir un movimiento de plantación de iglesias.

El Proceso de Entrenamiento

Cada sesión de entrenamiento de liderazgo sigue el mismo formato, en función de cómo Jesús preparó a sus discípulos como líderes. A continuación se muestra un bosquejo de una lección estándar, con periodos de tiempo sugeridos.

ALABANZAS

- Canten juntos dos coros o himnos (o más si el tiempo lo permite).

(10 minutos)

PROGRESO

- Un líder comparte acerca del progreso en su ministerio desde la última vez que se reunieron. El grupo ora por el líder y su ministerio.

(10 minutos)

PROBLEMA

- El capacitador presenta un problema común de liderazgo, explicándolo con una historia o ilustración personal.

(5 minutos)

PLAN

- El capacitador enseña a los líderes una lección sencilla de liderazgo que da una visión y habilidades para resolver el problema de liderazgo.

(20 minutos)

PRÁCTICA

- Los líderes se dividen en grupos de cuatro y ponen en práctica el método de entrenamiento de líderes, discutiendo la lección que han aprendido, incluyendo:
    - Los progresos realizados en esta área de liderazgo.
    - Los problemas que se planteen en esta área de liderazgo.
    - Los planes para mejorar en los próximos 30 días sobre la base de la lección de liderazgo.
    - Una habilidad que se practicará en los próximos 30 días sobre la base de la lección de liderazgo.

- Los líderes se levantan y repiten en conjunto el versículo a memorizar diez veces, seis veces leyéndolo en la Biblia, y cuatro veces de memoria.

(30 minutos)

ORACIÓN

- Grupos de cuatro comparten sus preocupaciones de oración y oran unos por otros.

(10 minutos)

FIN

- La mayoría de las sesiones terminan con una actividad de aprendizaje que ayuda a los líderes a aplicar la lección de liderazgo a sus contextos.

(15 minutos)

Cronograma de Entrenamiento

Utiliza este manual para llevar a cabo un seminario de tres días o un programa de entrenamiento de 10 semanas. Cada sesión en ambos cronograma dura aproximadamente una hora y media y se utiliza el **Proceso de Entrenamiento de Entrenadores de la página 19.**

La capacitación de líderes, por lo general, se produce una vez al mes, dos veces al mes, o en un seminario de tres días. Solamente los líderes que están dirigiendo un grupo deben asistir.

Programa de Tres Días

	Día 1	Día 2	Día 3
8:30	Bienvenida	Mas Fuertes Juntos	Inicia Grupos
10:00	Receso	Receso	Receso
10:30	Entrena como Jesús	Concurso de Teatro	Multiplica los grupos
12:00	Almuerzo	Almuerzo	Almuerzo
1:00	Lidera como Jesús	Comparte el Evangelio	Sigue a Jesús
2:30	Receso	Receso	
3:00	Crece Fuerte	Haz Discípulos	
5:00	Cena	Cena	

Programa Semanal

Semana 1	Bienvenida	Semana 6	Comparte el Evangelio
Semana 2	Entrena como Jesús	Semana 7	Haz Discípulos
Semana 3	Lidera como Jesús	Semana 8	Inicia Grupos
Semana 4	Crece Fuerte	Semana 9	Multiplica los grupos
Semana 5	Mas Fuertes Juntos	Semana 10	Sigue a Jesús

Los Principios del Entrenamiento

El ayudar a los demás a desarrollarse como líderes es un trabajo emocionante y exigente. Contrariamente a la opinión popular, los líderes se hacen, no nacen. Por más que surjan líderes, el desarrollo del liderazgo debe ser intencional y sistemático. Algunos creen erróneamente que las personas se convierten en líderes en base a su personalidad. Una encuesta rápida a pastores exitosos de mega-iglesia en los Estados Unidos revela que existen muchos pastores con diferentes personalidades entre sí. Cuando seguimos a Jesús, seguimos al líder más grande de todos los tiempos, y nosotros nos desarrollamos como líderes también.

Los líderes en crecimiento necesitan un enfoque equilibrado de desarrollo del liderazgo. Un enfoque equilibrado incluye trabajar en el conocimiento, el carácter, las habilidades y la motivación. La persona necesita estos cuatro ingredientes para ser un líder eficaz. Sin el conocimiento, las suposiciones erróneas y los malentendidos desviarán al líder. Sin el carácter, un líder cometerá errores morales y espirituales que obstaculizarán la misión. Sin las habilidades necesarias, el líder reinventará continuamente la rueda o utilizará métodos anticuados. Por último, un líder con el conocimiento, el carácter y la habilidad pero sin motivación sólo se preocupará por el status quo y el preservar su posición.

Los líderes deben aprender las herramientas básicas necesarias para realizar el trabajo. Después de pasar mucho tiempo en oración, cada líder necesita una visión convincente. La visión responde a la incógnita: "¿Qué tiene que suceder ahora?" Los líderes deben conocer el propósito de lo que están haciendo. El propósito responde a la incógnita, "¿Por qué es importante?" Conocer la respuesta a esta pregunta ha guiado a muchos líderes a través de tiempos difíciles. Luego, los líderes deben conocer su misión. Dios une en comunidad a las personas para que lleven a cabo Su voluntad. La misión responde a la incógnita: "¿Quién debe participar?" Por último, los buenos líderes tienen metas claras y concisas. Normalmente, un líder establecerá la visión, el propósito y la misión a través de cuatro a cinco objetivos. Los objetivos responden a la incógnita: "¿Cómo lo hacemos?"

Hemos descubierto lo difícil que es elegir líderes emergentes en un grupo. ¡Dios siempre te sorprenderá con los que Él elija! El enfoque más productivo es tratar a cada persona como si él o ella fuera ya un líder. Tal vez una persona sólo sepa conducirse a sí misma, pero sigue siendo un líder. Las personas se convierten en mejores líderes en proporción directa a nuestras expectativas (la fe). Cuando tratamos a la gente como seguidores, se convierten en seguidores. Cuando tratamos a las personas como líderes, se convierten en líderes. Jesús escogió a personas de todos los niveles sociales para demostrar que un buen liderazgo depende de permanecer en Él, no de signos externos que la gente a menudo busca. ¿Por qué tenemos una escasez de líderes? Debido a que los líderes actuales se niegan a que nuevas personas tengan la oportunidad de dirigir.

Pocos factores detienen un movimiento de Dios más rápido que la falta de un liderazgo piadoso. Por desgracia, hemos encontrado un vacío de liderazgo en la mayoría de los lugares en que hemos realizado capacitación (incluyendo los Estados Unidos). Los líderes santos son la clave para el shalom - paz, bendición y justicia - en una comunidad. Una famosa cita de Albert Einstein, puede ser parafraseada de la siguiente manera: "No podemos resolver nuestros problemas actuales con nuestro nivel actual de liderazgo" Dios está usando el *Entrenamiento Siguiendo a Jesús* para equipar y motivar a muchos nuevos líderes. Oramos para que suceda lo mismo contigo. Que el más grande líder de todos los tiempos llene tu corazón y tu mente con toda bendición espiritual, te haga fuerte y aumente tu influencia – la verdadera prueba del liderazgo.

Parte 2

Entrenamiento en Liderazgo

1

Bienvenida

Los capacitadores y líderes se presentan entre sí en la primera lección. Luego, los líderes aprenden la diferencia entre el método de entrenamiento griego y el hebreo. Jesús usó ambos métodos y debemos hacer lo mismo. El método hebreo es el más útil para la formación de líderes y el más utilizado en *Entrenando Líderes Radicales*.

El objetivo de la lección es que los líderes comprendan la estrategia de Jesús para llegar al mundo. Las cinco partes de la estrategia de Jesús son: Sé Fuerte en Dios, Comparte el Evangelio, Haz Discípulos, Forma Grupos que se Conviertan en Iglesias y Capacita a los Líderes. Los líderes analizan las lecciones en el *Entrenamiento Siguiendo a Jesús, Parte 1: Haciendo Discípulos Radicales* que prepara a los creyentes a tener éxito en cada parte de la estrategia de Jesús. Los líderes también practican proponiendo a los demás una visión para seguir la estrategia de Jesús. La sesión termina con un compromiso de seguir a Jesús y obedecer sus mandamientos todos los días.

Alabanzas

- Canten dos coros o himnos juntos.
- Pide a un líder respetado a orar por la presencia de Dios y la bendición durante el seminario de capacitación.

Inicio

Presentación de los capacitadores

- Capacitadores y líderes se sientan en círculo para iniciar la sesión de apertura. Para promover un ambiente informal, remueve todas las mesas acomodadas con anterioridad.
- Los capacitadores enseñan cómo los líderes deberán presentarse.
- El capacitador y el aprendiz se presentan uno al otro. Ellos comparten sus nombres, información sobre su familia, su grupo étnico (si es apropiado), y la manera en que Dios ha bendecido el grupo que lideran a lo largo del anterior mes.

Presentación de los líderes

- Divide a los líderes en parejas.

  "Preséntate a tu compañero de la misma manera que mi aprendiz y yo lo hicimos."

- Los líderes deben aprender el nombre de su compañero, la información sobre su familia, el grupo étnico (si es apropiado), y la manera en que Dios ha bendecido el grupo al que están liderando durante el anterior mes.

Anímalos a escribir la información en sus cuadernos para que no se les olvide cuando presenten a su compañero.
- Después de unos cinco minutos, pide al líder de las parejas que se presenten con por lo menos otros cinco compañeros de la misma manera en que se presentó su compañero.

¿Cómo Entrenó Jesús a los Líderes?

- Pide a los líderes que coloquen las sillas en filas - el método tradicional de enseñanza. Se debe formar al menos dos filas y un pasillo en el medio. Los líderes se sientan en las filas, mientras que los capacitadores están de pie en el frente.

    "Llamamos a esto el método griego de enseñanza. El maestro comparte el conocimiento, los estudiantes hacen unas cuantas preguntas y todo el mundo atiende al discurso del maestro. Por lo general, los profesores organizan sus clases de esta manera, especialmente con niños."

- Pide a los líderes que coloquen sus sillas en un círculo como al comienzo de la sesión. Los líderes y capacitadores forman un círculo sentados todos juntos.

    "Llamamos a esto el método hebreo de enseñanza. El profesor hace un par de preguntas, los estudiantes discuten el tema, y todo el mundo atiende a la persona que está hablando, no sólo al docente. Los maestros a veces utilizan este método en la enseñanza de adultos. ¿Qué método de enseñanza utilizó Jesús?"

- Permite a los estudiantes discutir la cuestión y luego responda: "Ambos". Jesús utilizó el método griego cuando se dirigió a la multitud, y el método hebreo cuando entrenaba a los discípulos como líderes.

"¿Qué método utilizan la mayoría de los maestros que conocen?"

- Los maestros utilizan usualmente el método griego. Como resultado, nos sentimos más cómodos en ese encuadre.

"En estas sesiones de entrenamiento, vamos a mostrarles cómo entrenar a los líderes de la manera en que Jesús lo hizo. La mayoría de las sesiones en Entrenando Líderes Radicales se utilizará el método hebreo, porque Jesús utilizó este método cuando entrenó líderes. Buscamos imitarlo."

Plan

"Nuestro objetivo en esta lección es entender la estrategia de Jesús para llegar al mundo, y así poder seguirlo".

¿Quién Construye la Iglesia?

–MATEO 16:18–
YO TE DIGO QUE TÚ ERES PEDRO (QUE SIGNIFICA PIEDRA), Y SOBRE ESTA PIEDRA EDIFICARÉ MI IGLESIA, Y LAS PUERTAS DEL REINO DE LA MUERTE NO PREVALECERÁN CONTRA ELLA. (NVI)

"Jesús es el que construye su iglesia."

¿Por Qué es Importante Quién Edifica la Iglesia?

> –SALMO 127:1–
> SI EL SEÑOR NO EDIFICA LA CASA, EN VANO SE ESFUERZAN LOS ALBAÑILES. SI EL SEÑOR NO CUIDA LA CIUDAD, EN VANO HACEN GUARDIA LOS VIGILANTES. (NVI)

"Si Jesús no edifica la Iglesia, nuestro trabajo no servirá para nada. Durante su ministerio terrenal, y a lo largo de la historia de la iglesia, Jesús siempre ha construido su iglesia usando la misma estrategia. Aprendamos Su estrategia para que podamos Seguirlo."

¿Cómo Construye su Iglesia Jesús?

- Dibuja el siguiente diagrama, sección por sección, mientras comparte la estrategia de Jesús para llegar al mundo.

SÉ FUERTE EN DIOS

-LUCAS 2:52-
JESÚS SIGUIÓ CRECIENDO EN SABIDURÍA Y ESTATURA, Y CADA VEZ MÁS GOZABA DEL FAVOR DE DIOS Y DE TODA LA GENTE. (NVI)

-LUCAS 4:14-
(DESPUÉS DE LA TENTACIÓN) JESÚS REGRESÓ A GALILEA EN EL PODER DEL ESPÍRITU, Y SE EXTENDIÓ SU FAMA POR TODA AQUELLA REGIÓN. (NVI)

"La primera táctica de la estrategia de Jesús es Sé fuerte en Dios. El liderazgo espiritual depende de una relación limpia y cercana con Dios. Para que nosotros seamos fuertes, debemos permanecer en Jesús.

> Sé Fuerte en Dios
> Alza los brazos y posa como un hombre fuerte.

Mientras permanecemos en Jesús, oramos, obedecemos sus mandamientos, caminamos en el Espíritu y nos unimos a Jesús donde esté trabajando."

- REVISAR las lecciones "Orar", "Obedecer", y "Caminar" utilizando las manos en el *Entrenamiento Siguiendo a Jesús, Parte 1: Haciendo Discípulos Radicales*

"Estas lecciones nos enseñan la forma de permanecer en Cristo. También nos ayudan a entrenar a otros para permanecer en Él. Una parte de ser fuertes en el Señor es obedecer sus mandamientos. El resto de la estrategia de Jesús consiste en mandamientos que debemos obedecer de inmediato, todo el tiempo y desde un corazón amoroso."

COMPARTE EL EVANGELIO

> –MARCOS 1:14, 15–
> DESPUÉS DE QUE ENCARCELARON A JUAN, JESÚS SE FUE A GALILEA A ANUNCIAR LAS BUENAS NUEVAS DE DIOS. «SE HA CUMPLIDO EL TIEMPO —DECÍA—. EL REINO DE DIOS ESTÁ CERCA. ¡ARREPIÉNTANSE Y CREAN LAS BUENAS NUEVAS!» (NVI)

"Estamos creciendo fuerte en Dios mediante la oración y el caminar en el Espíritu. Otra manera de crecer fuerte en Dios es obedecer los mandamientos de Jesús. Jesús nos manda a unirnos a Él, donde Él esté trabajando y compartir las buenas nuevas."

> ✋ Comparte el Evangelio
> Con la mano derecha, haz un movimiento de lanzamiento como si estuvieras echando semillas.

"Para la mayoría de la gente, compartir el testimonio de cómo Dios los ha salvado es un buen punto de partida, cuando se comparte las buenas nuevas con otros. La gente escucha con interés y disfruta de escuchar nuestra historia. Compartir nuestro testimonio también nos permite ver si el Espíritu Santo está trabajando, para que podamos unirnos a Él.

Cuando vemos dónde está trabajando Dios, compartimos el sencillo evangelio. Asegúrate de sembrar la semilla del Evangelio. Recuerda: ¡si no hay semilla, no hay cosecha!"

- REVISAR las lecciones "Ir", "Compartir" y "Sembrar" utilizando las manos en el *Entrenamiento Seguir a Jesús, Parte 1: Haciendo Discípulos Radicales*.

"En este punto, evita caer en una de las trampas de Satanás. Muchos creyentes piensan equivocadamente que necesitan ser más fuertes en Dios antes de compartir el evangelio. No se dan cuenta que es todo lo contrario. Nos hacemos más fuertes después de haber guardado los mandamientos de Jesús, no antes. Obedezcan los mandamientos de Jesús al compartir el evangelio y luego se volverán más fuertes en su fe. Si esperan hasta sentirse „suficientemente fuerte", nunca compartirán su fe."

HAZ DISCÍPULOS

–MATEO 4:19–
"VENGAN, SÍGANME —LES DIJO JESÚS—, Y LOS HARÉ PESCADORES DE HOMBRES."

"A medida que permanezcan en Jesús y obedezcan su mandato de compartir el evangelio, la gente responderá y querrán crecer como creyentes."

> Haz Discípulos
> Las manos sobre el corazón y luego levantadas en adoración. Las manos en la cintura, luego levantadas en posición de oración. Las manos apuntando hacia la cabeza, luego, bajarlas hasta llegar a una posición como si estuviera leyendo un libro. Mantén los brazos en postura de un hombre fuerte y luego haga un movimiento de barrido, como si estuviera echando semillas.

"El mandamiento más importante que obedecer es el amar a Dios y amar a la gente. Nosotros demostramos a los nuevos seguidores de Jesús cómo obedecer este mandamiento de manera práctica. También se les enseña a orar, obedecer los mandamientos de Jesús, caminar en el Espíritu, ir donde Jesús esté trabajando, compartir

sus testimonios y también, compartir el sencillo evangelio, para que puedan ser fuertes en Dios."

- REVISAR la lección "Amar" utilizando movimientos de las manos en el *Entrenamiento Siguiendo a Jesús, Parte 1: Haciendo Discípulos Radicales.*

INICIA GRUPOS E IGLESIAS

–MATEO 16:18–
YO TE DIGO QUE TÚ ERES PEDRO, Y SOBRE ESTA PIEDRA EDIFICARÉ MI IGLESIA, Y LAS PUERTAS DEL REINO DE LA MUERTE NO PREVALECERÁN CONTRA ELLA.

"Mientras permanezcamos en Jesús y obedezcamos sus mandamientos, compartamos el evangelio y hagamos discípulos. Entonces, podremos seguir el ejemplo de Jesús y empezar grupos que adoren, oren, estudien, y ministren juntos. Jesús está fundando este tipo de grupos en todo el mundo para fortalecer a Su iglesia y ayudar a las iglesias que funden nuevas iglesias para Su gloria."

✋ Inicia Grupos e Iglesias
Las manos hacen un movimiento de "encuentro", como si estuvieran pidiendo a la gente que se reúnan a tu alrededor.

DESARROLLA LÍDERES

–MATEO 10:5-8–
JESÚS ENVIÓ A ESTOS DOCE CON LAS SIGUIENTES INSTRUCCIONES: «NO VAYAN ENTRE LOS GENTILES NI ENTREN EN NINGÚN PUEBLO DE LOS SAMARITANOS. VAYAN MÁS BIEN A LAS OVEJAS DESCARRIADAS DEL PUEBLO

DE ISRAEL. DONDEQUIERA QUE VAYAN, PREDIQUEN ESTE MENSAJE: "EL REINO DE LOS CIELOS ESTÁ CERCA." SANEN A LOS ENFERMOS, RESUCITEN A LOS MUERTOS, LIMPIEN DE SU ENFERMEDAD A LOS QUE TIENEN LEPRA, EXPULSEN A LOS DEMONIOS. LO QUE USTEDES RECIBIERON GRATIS, DENLO GRATUITAMENTE.

"Mientras permanezcamos en Cristo, mostramos nuestro amor por Él al obedecer sus mandamientos. Compartimos el evangelio para que los perdidos puedan volver a la familia de Dios. Hacemos discípulos que aman a Dios y a las personas. Fundamos grupos que adoran, oran, estudian y ministran juntos. Más grupos crean la necesidad de más líderes. Siguiendo el principio de los 222 en 2 Timoteo 2:2, entrenamos líderes, que capacitan a líderes, que entrenan aún más líderes."

> 🖐 Desarrollando Líderes
> Párese en posición de atención y saludar como un soldado.

- REVISAR la lección "Multiplicar" utilizando las manos en el *Entrenamiento Siguiendo a Jesús, Parte 1: Haciendo Discípulos Radicales.*

"Por favor, eviten un malentendido común de la estrategia de Jesús. Muchos creyentes tratan de seguir estos mandamientos de forma secuencial. Ellos piensan que en primer lugar hay que evangelizar, luego, hay que hacer discípulos, y así sucesivamente. Sin embargo, Jesús nos enseñó a obedecer todos los mandamientos en todos los entornos. Por ejemplo, al compartir el evangelio, ya estamos entrenando a la persona a ser un seguidor de Jesús. A medida que vamos haciendo discípulos, ayudamos a los nuevos creyentes a encontrar un grupo existente o iniciar uno nuevo. Desde el inicio, mostramos los hábitos de un líder apasionado, espiritual.

Esta estrategia de cinco partes describe cómo Jesús edifica Su Iglesia. Los discípulos imitaron la estrategia de Jesús en la iglesia primitiva. Pablo copió esta estrategia en su misión con los gentiles. A través de la historia, exitosos líderes espirituales de la iglesia han hecho lo mismo. Cuando los líderes se han unido a Jesús en Su estrategia para llegar al mundo, Dios ha bendecido a países enteros de forma significativa. ¡Podemos seguir la estrategia de Jesús y ver la gloria de Dios en este país!"

Versículo de Memoria

–I Corintios 11:1–
Imítenme a mí, como yo imito a Cristo. (NVI)

- Todo el mundo se para y repiten diez veces el versículo de memoria. Las primeras seis veces, pueden usar su Biblia o sus anotaciones. Las últimas cuatro veces, repiten el verso de memoria. Digan la cita del versículo antes de repetir el versículo, y tomen asiento cuando hayan terminado.
- Seguir esta rutina ayudará a los capacitadores saber cuáles equipos han terminado la lección en la sección "práctica".

Práctica

"Ahora, vamos a practicar lo que hemos aprendido acerca de la estrategia de Jesús para llegar al mundo. Por turnos, compartiremos la estrategia con los demás. Entonces tendremos la confianza necesaria para enseñar a otros."

- Pide a los líderes que se dividan en parejas.

"Tomen una hoja de papel. Doblen el papel por la mitad. Ahora, dóblenlo otra vez por la mitad así como les estoy mostrando. Esto les da cuatro paneles para dibujar el diagrama de la estrategia de Jesús cuando desplieguen el papel."

- Pide a los líderes practicar el dibujo de la estrategia de Jesús y que lo expliquen a los demás. *Ambos líderes* dibujan la estrategia *al mismo tiempo*. Sin embargo, sólo una persona explica su dibujo. Los líderes no necesitan revisar las lecciones de *Haciendo Discípulos Radicales* mientras dibujan.
- Cuando una persona de la pareja termina de dibujar primero y explica el diagrama de la estrategia de Jesús, la segunda persona hace lo mismo. *Ambos compañeros* dibujan una nueva imagen *por segunda vez*. Los compañeros deben ponerse de pie y juntos, repetir 10 veces el versículo de memoria, siguiendo el modelo que se enseñó antes.

"Cuando terminen de dibujar el diagrama dos veces y repitan diez veces el versículo de memoria con su compañero, encuentren otra pareja y practiquen esta lección con ellos de la misma manera.

Cuando hayan terminado de practicar con su segundo compañero, busquen otra pareja."

"Hagan esto hasta que hayan practicado el dibujo y la explicación de la estrategia de Jesús para llegar al mundo con cuatro personas diferentes."

(Cuando los líderes finalicen esta actividad, deberán haber llenado el anverso y reverso de su papel, con ocho cuadros de la estrategia de Jesús en total.)

Fin

JESÚS DICE: "SÍGANME"

–MATEO 09:09–
AL IRSE DE ALLÍ, JESÚS VIO A UN HOMBRE LLAMADO MATEO, SENTADO A LA MESA DE RECAUDACIÓN DE IMPUESTOS. «SÍGUEME», LE DIJO. MATEO SE LEVANTÓ Y LO SIGUIÓ.

"Los recaudadores de impuestos eran algunas de las personas más despreciadas en la época de Jesús. Nadie hubiera creído que Jesús escogería a Mateo, un recaudador de impuestos.

El hecho de que Jesús escogió a Mateo nos muestra que Él se preocupa más por el presente que por el pasado. Pueden pensar que Dios no puede obrar en su vida porque han cometido demasiados pecados. Pueden sentir vergüenza de lo que hayan dicho en el pasado. La buena noticia, a pesar de todo esto, es que Dios utiliza a cualquier persona que opte por seguir a Jesús hoy. Dios está buscando personas que estén dispuestas a respetar y a obedecer.

Cuando seguimos a alguien, lo imitamos. Un aprendiz imita a su maestro para aprender un oficio. Los estudiantes se convierten en sus maestros. Todos nosotros imitamos a alguien. La persona que imitamos es la persona en que nos convertimos.

El objetivo del Entrenamiento Seguir a Jesús es mostrar a los líderes cómo imitar a Jesús. Creemos que mientras más Le imitemos, vamos a ser más como ÉL. Por lo tanto, en este entrenamiento, vamos a hacer preguntas de liderazgo, estudiaremos la Biblia, *descubriremos cómo Jesús lideró a los demás y practicaremos siguiéndolo."*

- Pida a un líder respetado en el grupo que cierre la lección con una oración de bendición y dedicación para seguir la estrategia de Jesús para alcanzar al mundo.

Entrenando Como Jesús

Un problema común en las iglesias o grupos en crecimiento es la necesidad de una mayor cantidad de líderes. Los esfuerzos para capacitar a los líderes a menudo se quedan cortos, porque no tenemos un proceso fácil de seguir. El objetivo de esta lección es explicar cómo Jesús capacitó líderes, para así poder imitarlo.

Jesús capacitó a líderes preguntándoles acerca de los progresos realizados en sus misiones y discutiendo cualquier problema que los líderes hayan enfrentado. También oró por ellos y les ayudó a hacer planes para continuar sus misiones. Una parte importante de su formación fue practicar las habilidades que necesitarían en sus futuros ministerios. En la Lección 2, los líderes aplicarán este proceso de capacitación de liderazgo en su grupo, así como la estrategia de Jesús para llegar al mundo. Por último, los líderes desarrollarán un "árbol de entrenamiento" que ayude a coordinar la formación y la oración para los líderes que ellos estén capacitando.

Alabanzas

- Canten juntos dos canciones de adoración. Pide a un líder que ore por la sesión.

Progreso

- Pide a otro líder en el seminario compartir un breve testimonio (tres minutos) de cómo Dios está bendiciendo a su grupo. Después de que el líder comparte su testimonio, pide al grupo que oren por él o ella.

Problema

"Iglesias y grupos reconocen que necesitan más líderes, pero muchas veces no saben cómo entrenar a los nuevos. Los líderes actuales asumen más responsabilidades y puestos de trabajo hasta que quedan exhaustos. Los seguidores piden a los líderes que hagan más con menos, hasta que los líderes finalmente se rinden. Las iglesias y grupos en todas las culturas y países enfrentan este problema con frecuencia."

Plan

"Es posible aprender a entrenar líderes apasionados y espirituales. El objetivo de esta lección es mostrar cómo Jesús entrenó líderes, para que así podamos imitarlo."

Resumen

Bienvenida
　¿Quién Construye la Iglesia?
　¿Por Qué es Tan Importante?
　¿Cómo Construyó Jesús Su Iglesia?
　　Sé Fuerte en Dios
　　Comparte el Evangelio
　　Haz Discípulos
　　Inicia Grupos e Iglesias
　　Desarrolla Líderes

　–I Corintios 11:1–Imítenme a mí, como yo imito a Cristo. (NVI)

¿Cómo Entrenó Jesús a los Líderes?

–LUCAS 10:17–
CUANDO LOS SETENTA Y DOS REGRESARON, DIJERON CONTENTOS: —SEÑOR, HASTA LOS DEMONIOS SE NOS SOMETEN EN TU NOMBRE. (NVI)

PROGRESO

"Los discípulos regresaron de su misión e informaron a Jesús los progresos que habían hecho. De la misma manera, deben hablar con los líderes que están entrenando. Debemos mostrar un interés personal en cómo está su familia y los progresos realizados en su ministerio."

　Progreso
　Enrolla tus manos una sobre otra, moviéndolas hacia arriba.

–Mateo 17:19–
Después los discípulos se acercaron a Jesús y, en privado, le preguntaron: —¿Por qué nosotros no pudimos expulsarlo? (NVI)

PROBLEMA

"Los discípulos enfrentaron problemas durante su ministerio y le pidieron a Jesús que les ayude a entender por qué habían fracasado. De la misma manera, pedimos a los líderes que compartan los problemas que enfrentan para poder buscar a Dios juntos, y así encontrar soluciones."

 Problemas
Coloca las manos a cada lado de la cabeza y finje que te jalas el cabello.

–Lucas 10:1–
Después de esto, el Señor escogió a otros setenta y dos para enviarlos de dos en dos delante de él a todo pueblo y lugar adonde él pensaba ir.

PLAN

"Jesús dio a sus discípulos planes simples, espirituales y estratégicos a seguir en sus misiones. De la misma manera, ayudaremos a los líderes a hacer un plan para que su siguiente táctica sea simple, dependiente de Dios, y que aborde los problemas que enfrentan."

Planes
Extiende tu mano izquierda como un papel y "escribe" en ella con la mano derecha.

–JUAN 4:1-2–
JESÚS SE ENTERÓ DE QUE LOS FARISEOS SABÍAN QUE ÉL ESTABA HACIENDO Y BAUTIZANDO MÁS DISCÍPULOS QUE JUAN (AUNQUE EN REALIDAD NO ERA JESÚS QUIEN BAUTIZABA SINO SUS DISCÍPULOS). (NVI)

PRÁCTICA

"El descubrimiento de que los discípulos y no Jesús, bautizaron a los nuevos creyentes sorprendió a muchos líderes. En varios casos como éste, Jesús permitió a sus discípulos practicar las tareas que realizarían después de que Él regresara al cielo. De la misma manera, damos a los líderes la oportunidad de practicar las habilidades que necesitarán cuando regresen a sus ministerios. Les damos un lugar seguro para practicar, cometer errores, y ganar confianza."

 Práctica
Mover los brazos arriba y abajo como si estuvieras levantando pesas.

–LUCAS 22:31-32–
SIMÓN, SIMÓN, MIRA QUE SATANÁS HA PEDIDO ZARANDEARLOS A USTEDES COMO SI FUERAN TRIGO.

PERO YO HE ORADO POR TI, PARA QUE NO FALLE TU FE. Y TÚ, CUANDO TE HAYAS VUELTO A MÍ, FORTALECE A TUS HERMANOS. (NVI)

ORACIÓN

"Jesús ya sabía que Pedro iba a cometer errores e iba a enfrentar la tentación de abandonarlo. Jesús también sabía que la oración es la clave para el poder y la perseverancia en nuestro caminar con Dios. Orar por aquellos que estamos liderando es el apoyo más importante que podemos darles."

 Oración
Haz la postura clásica "manos que oran" cerca de tu cara.

Versículo de Memoria

–LUCAS 6:40–
EL DISCÍPULO NO ESTÁ POR ENCIMA DE SU MAESTRO, PERO TODO EL QUE HAYA COMPLETADO SU APRENDIZAJE, A LO SUMO LLEGA AL NIVEL DE SU MAESTRO. (NVI)

- Todo el mundo se para y repite diez veces el versículo de memoria. Las primeras seis veces, pueden usar su Biblia o sus anotaciones. Las últimas cuatro veces, repiten el versículo de memoria. Todo el mundo debe decir la cita del versículo antes de repetirlo. Pide a los líderes que tomen asiento cuando hayan terminado.
- Seguir esta rutina ayudará a los capacitadores saber que los equipos han terminado la lección en la sección "práctica".

Práctica

- Divide a los líderes en grupos de cuatro.
- Guía a los líderes paso a paso a través del proceso de entrenamiento, dándoles 7-8 minutos para discutir cada una de las siguientes secciones.

REVISIÓN

"¿Cuáles son las cinco partes de la estrategia de Jesús para llegar al mundo?"

- Dibuja el diagrama en una pizarra mientras los líderes responden.

PROGRESO

"¿Qué parte de la estrategia de Jesús para alcanzar el mundo es más fácil de llevar a cabo para tu grupo?"

PROBLEMAS

"Comparte los problemas que su grupo ha enfrentado al aplicar la estrategia de Jesús para llegar al mundo. ¿Qué parte de la estrategia de Jesús es la más difícil de llevar a cabo para su grupo?"

PLANES

"Comparte una tarea que hará con tu grupo en los próximos 30 días que les ayudará a seguir la estrategia de Jesús para llegar al mundo con mayor eficacia."

- Todo el mundo deberá registrar los planes de sus compañeros para que puedan orar por ellos más tarde.

PRÁCTICA

"Comparte una habilidad que practicarás personalmente en los próximos 30 días para mejorar como líder en su grupo."

- Todo el mundo registra los temas de práctica de sus compañeros para que puedan orar por ellos más tarde.
- Después de que cada persona haya compartido la habilidad practicará, los miembros del grupo se levantan y repiten juntos el versículo de memoria diez veces.

ORACIÓN

"En tu grupo pequeño, pasa tiempo orando por cada uno de los planes y habilidades que practicarás en los próximos 30 días para mejorar como líder."

FIN

Árbol de Entrenamiento

"El Árbol de Entrenamiento es una herramienta útil para organizar y orar por las personas a las que estén entrenando para ser líderes."

- En una pizarra, dibuja el tronco de un árbol, las raíces del árbol, y una línea que muestre el nivel del suelo.

"Yo empiezo a dibujar mi árbol de entrenamiento así. Dibuja un tronco, luego algunas raíces y finalmente el césped. La Biblia dice que estamos arraigados en Cristo, así que voy a poner Su nombre aquí. Dado que este dibujo es mi árbol de entrenamiento, pongo mi nombre en el tronco."

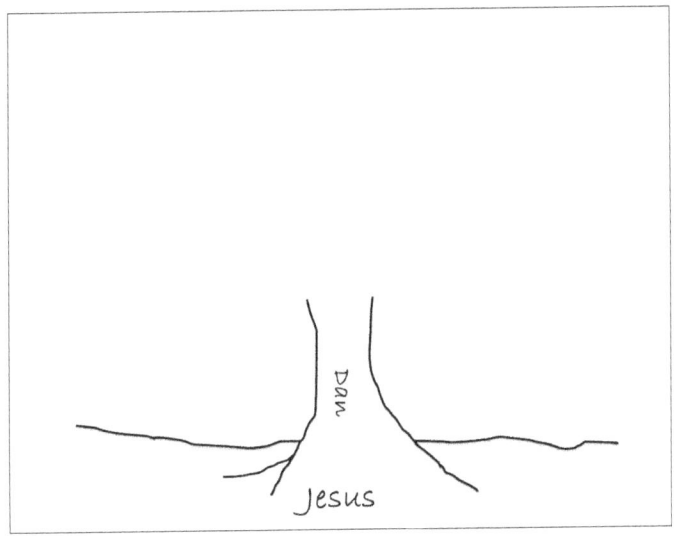

- Escribe "Jesús" en el área debajo de la raíz y escribe tu nombre en el tronco del árbol.

"Jesús invirtió la mayor parte de su tiempo entrenando en liderazgo a tres personas: Pedro, Santiago y Juan. Quiero imitarlo, así que voy a hacer lo mismo. Dios me ha dado tres líderes para invertir en ellos la mayor parte de mi tiempo de entrenamiento."

- Dibuja tres líneas hacia arriba y hacia fuera desde el tronco del árbol. En la parte superior de cada línea, pon el nombre de los tres líderes principales que estás entrenando.

"Jesús entrenó a tres y les mostró cómo entrenar a otros. Si cada uno de ellos formó a otros tres (como Jesús), nos da doce en total. Hmmm. Jesús tenía doce discípulos. ¿No es interesante?"

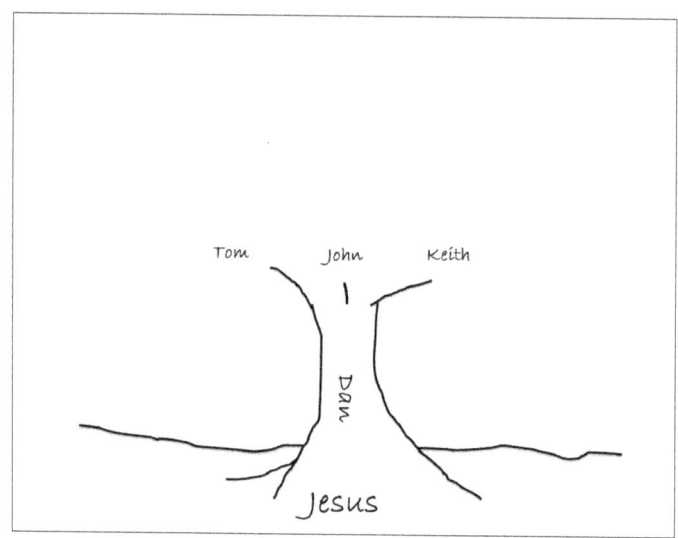

- Dibuja tres líneas hacia arriba y hacia fuera de cada uno de los tres principales dirigentes que estás entrenando. Escribe en la parte superior de cada línea el nombre de una persona que sus líderes principales estén entrenando. Comparte cualquier relato que el Espíritu Santo traiga a tu mente acerca de tu árbol de entrenamiento. Dibuja hojas alrededor de las ramas para completar tu árbol.

"Ahora me gustaría que dibujen sus propios árboles de entrenamiento. Es posible que tengan que escribir algunos de los nombres con fe, pero hagan lo mejor que puedan para tener doce personas en el árbol. Las tres primeras ramas son los líderes principales que entrenarán. Cada uno de estos líderes tienen tres ramas que contienen los líderes con quien pasan la mayor parte de su tiempo de entrenamiento."

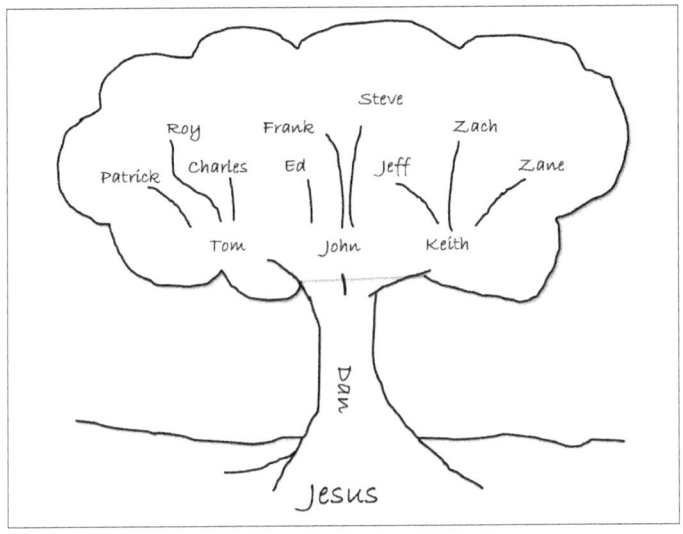

- Mientras que los líderes estén elaborando sus "árboles de entrenamiento" comparte lo siguiente:

"A menudo me preguntan, ¿Cómo debo entrenar a los líderes?, Jesús dijo pidan y se les dará. ¿Le has preguntado lo que necesitas? Este entrenamiento les dará las herramientas necesarias para capacitar a los líderes.

Otros dicen: Yo no conozco a nadie a quien pueda entrenar para ser líder, Jesús dijo busca y encontrarás. ¿Estás buscando gente para entrenar o estas esperando que vengan a ti? Él dijo busquen, no esperen.

Otros preguntan: ¿Dónde debo comenzar el entrenamiento de líderes? Jesús dijo llamen y la puerta se abrirá. ¿Han estado tocando puertas? Dios nos bendecirá guiándonos si damos el primer paso con fe.

Muy a menudo, la razón de por qué no tenemos un Árbol de Entrenamiento es que no hemos pedido, llamado, o buscado uno.

Cuando obedecemos los mandamientos de Jesús, con un corazón amoroso, Dios nos dará más oportunidades de capacitación de las que podamos imaginar.

Esta herramienta les ayudará a entrenar a otros líderes en los avances, problemas, planes, prácticas y en la oración."

- Pide a un líder del grupo que cierre la sesión con una oración.

"Oren por los líderes de nuestros árboles de entrenamiento y por los planes que hemos hecho en nuestros grupos pequeños. Oren por las tareas que vamos a practicar para mejorar como líderes durante el mes que viene."

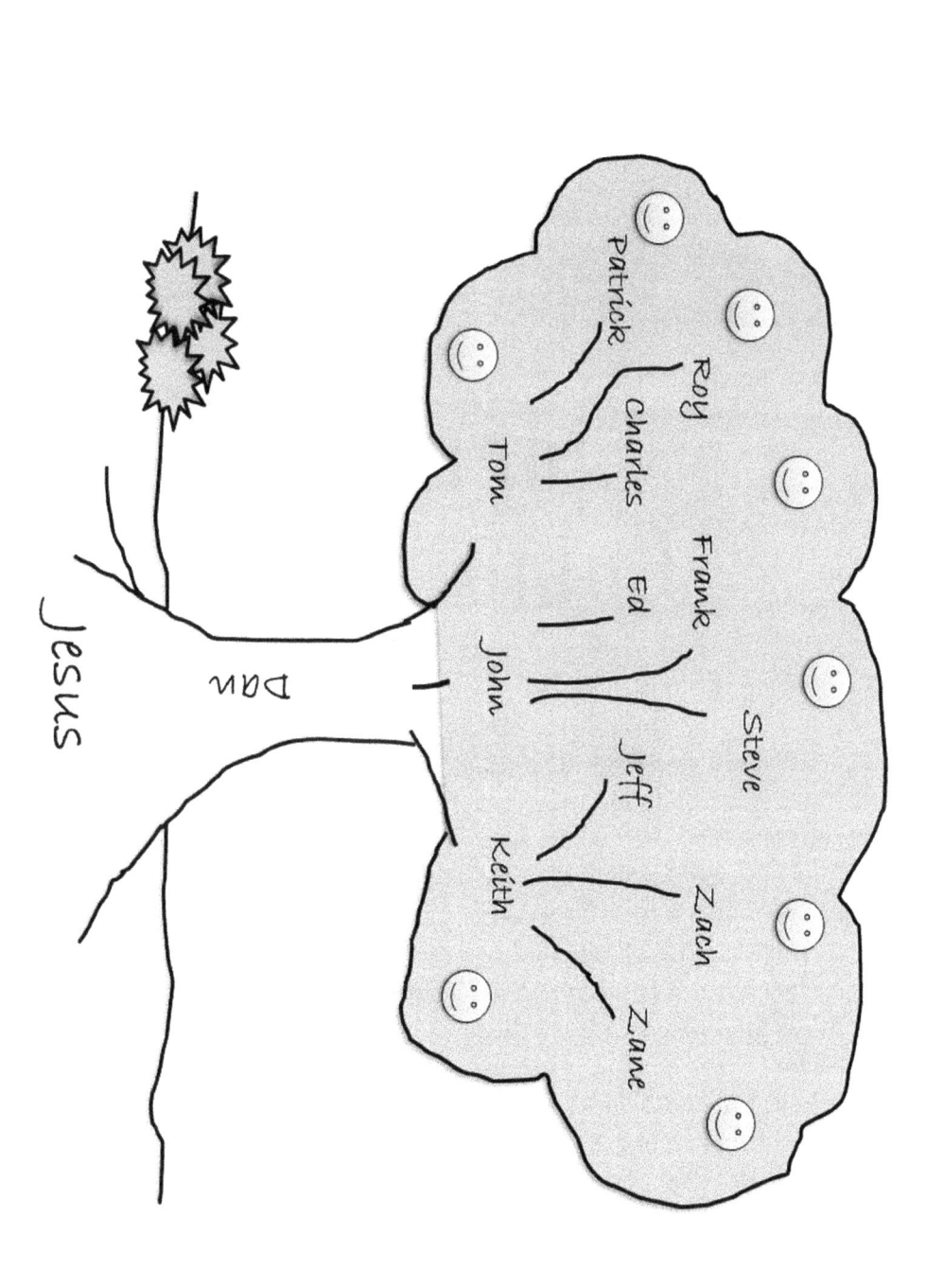

3

Liderando Como Jesús

Jesucristo es el líder más grande de todos los tiempos. Ninguna persona ha influido más y más frecuentemente a la gente que Él. La lección 3 presenta las siete cualidades de un gran líder, basado en el estilo de liderazgo de Jesús. A continuación los líderes, reflexionan sobre las fortalezas y debilidades de sus experiencias de liderazgo. Una actividad recreativa de equipos finaliza la sesión de enseñanza enseñando el poder del "liderazgo compartido".

Todo nace y muere en el corazón del líder, por lo que veremos cómo Jesús condujo a los discípulos, para que podamos imitarlo. Jesús los amó hasta el extremo, entendió Su misión, sabía de los problemas en el grupo, dio a Sus seguidores un ejemplo a seguir, enfrentó todo con bondad, y sabía que Dios estaba bendiciendo Su obediencia. Todo fluye de nuestro corazón. Por lo tanto, la actitud de nuestro corazón es el inicio de nuestro trabajo como líderes.

Alabanzas

- Canten dos canciones de adoración juntos. Pide a un líder que ore por esta sesión.

Progreso

- Pide a otro líder en la capacitación que comparta un breve testimonio (tres minutos) de cómo Dios está bendiciendo a su grupo. Después de que un líder comparta su testimonio, pide al grupo que oren por él o ella.
- Alternativamente, modela un tiempo de entrenamiento con un líder utilizando el proceso de entrenamiento en liderazgo "Progreso, Problema, Plan, Práctica, Oración".

Problema

"El mundo está lleno de líderes con diferentes estilos de liderazgo. Como seguidor de Jesús, ¿Cómo debería ser mi estilo de liderazgo?"

Plan

"Jesús es el líder más grande de todos los tiempos. Ninguna persona ha influido más y más frecuentemente a la gente que Él. En esta lección, veremos cómo Jesús lideró a otros, para que podamos imitarlo."

Resumen

Bienvenida
¿Quién Construye la Iglesia?
¿Por Qué es tan Importante?
¿Cómo Construye Jesús Su Iglesia?
   Sé Fuerte en Dios ✋
   Comparte el Evangelio ✋
   Haz Discípulos ✋
   Inicia Grupos y de las Iglesias ✋
   Desarrolla líderes ✋

> –I Corintios 11:1–Imítenme a mí, como yo imito a Cristo. (NVI)

Entrene como Jesús
¿Cómo Entrenó Jesús a los Líderes?
   Progreso ✋
   Problemas ✋
   Planes ✋
   Práctica ✋
   Oración ✋

> –Lucas 6:40–El discípulo no está por encima de su maestro, pero todo el que haya completado su aprendizaje, a lo sumo llega al nivel de su maestro. (NVI)

¿Quién dijo Jesús que era el Líder más Grande?

–MATEO 20:25-28–
"JESÚS LOS LLAMÓ Y LES DIJO: COMO USTEDES SABEN, LOS GOBERNANTES DE LAS NACIONES OPRIMEN A LOS SÚBDITOS, Y LOS ALTOS OFICIALES ABUSAN DE SU

AUTORIDAD. PERO ENTRE USTEDES NO DEBE SER ASÍ. AL CONTRARIO, EL QUE QUIERA HACERSE GRANDE ENTRE USTEDES DEBERÁ SER SU SERVIDOR, Y EL QUE QUIERA SER EL PRIMERO DEBERÁ SER ESCLAVO DE LOS DEMÁS; ASÍ COMO EL HIJO DEL HOMBRE NO VINO PARA QUE LE SIRVAN, SINO PARA SERVIR Y PARA DAR SU VIDA EN RESCATE POR MUCHOS." (NVI)

"El mejor líder es el mejor siervo."

 Saluda igual que un soldado y luego ponga las manos juntas e inclínate como un siervo.

¿Cuáles son las Siete Cualidades de un Gran Líder?

–JUAN 13:1-17–

¹SE ACERCABA LA FIESTA DE LA PASCUA. JESÚS SABÍA QUE LE HABÍA LLEGADO LA HORA DE ABANDONAR ESTE MUNDO PARA VOLVER AL PADRE. Y HABIENDO AMADO A LOS SUYOS QUE ESTABAN EN EL MUNDO, LOS AMÓ HASTA EL FIN.

²LLEGÓ LA HORA DE LA CENA. EL DIABLO YA HABÍA INCITADO A JUDAS ISCARIOTE, HIJO DE SIMÓN, PARA QUE TRAICIONARA A JESÚS.

³SABÍA JESÚS QUE EL PADRE HABÍA PUESTO TODAS LAS COSAS BAJO SU DOMINIO, Y QUE HABÍA SALIDO DE DIOS Y A ÉL VOLVÍA;

⁴ASÍ QUE SE LEVANTÓ DE LA MESA, SE QUITÓ EL MANTO Y SE ATÓ UNA TOALLA A LA CINTURA.

⁵LUEGO ECHÓ AGUA EN UN RECIPIENTE Y COMENZÓ A LAVARLES LOS PIES A SUS DISCÍPULOS Y A SECÁRSELOS CON LA TOALLA QUE LLEVABA A LA CINTURA.

⁶CUANDO LLEGÓ A SIMÓN PEDRO, ÉSTE LE DIJO: —¿Y TÚ, SEÑOR, ME VAS A LAVAR LOS PIES A MÍ?

⁷—Ahora no entiendes lo que estoy haciendo —le respondió Jesús—, pero lo entenderás más tarde. ⁸—¡No! —protestó Pedro—. ¡Jamás me lavarás los pies! —Si no te los lavo, no tendrás parte conmigo. ⁹—Entonces, Señor, ¡no sólo los pies sino también las manos y la cabeza! ¹⁰—El que ya se ha bañado no necesita lavarse más que los pies —le contestó Jesús—; pues ya todo su cuerpo está limpio. Y ustedes ya están limpios, aunque no todos. ¹¹Jesús sabía quién lo iba a traicionar, y por eso dijo que no todos estaban limpios.
¹²Cuando terminó de lavarles los pies, se puso el manto y volvió a su lugar. Entonces les dijo: —¿Entienden lo que he hecho con ustedes? ¹³Ustedes me llaman Maestro y Señor, y dicen bien, porque lo soy. ¹⁴Pues si yo, el Señor y el Maestro, les he lavado los pies, también ustedes deben lavarse los pies los unos a los otros. ¹⁵Les he puesto el ejemplo, para que hagan lo mismo que yo he hecho con ustedes. ¹⁶Ciertamente les aseguro que ningún siervo es más que su amo, y ningún mensajero es más que el que lo envió. ¹⁷¿Entienden esto? Dichosos serán si lo ponen en práctica.

1. LOS GRANDES LÍDERES AMAN A LA GENTE

"En el versículo 1, Jesús y los discípulos compartían la última cena antes de que Jesús fuera crucificado. La Biblia dice que Jesús los amó hasta el extremo y les mostró lo mucho que Él los amaba en esta cena.

Como líder, la gente puede ser difícil de amar cuando cometen errores, pero Jesús amó a la gente que lideró hasta el final.

Como líder, la gente puede ser difícil de amar cuando te critiquen, pero Jesús amó a la gente que lideró hasta el final.

Como líder, la gente puede ser difícil de amar cuando te defrauden, pero Jesús amó a la gente que lideró hasta el final."

🖐 Ame a las personas
Apunte a su pecho con la mano.

2. LOS GRANDES LÍDERES CONOCEN SU MISIÓN

"En el versículo 3, la Biblia dice que Jesús sabía de dónde venía, a dónde iba, y que Dios había puesto todo bajo su poder.

Jesús sabía que había llegado a la tierra con un propósito.

Jesús sabía que había llegado a la tierra para morir en la cruz por nuestros pecados.

Jesús sabía que había venido a la tierra para derrotar a Satanás y restaurarnos ante Dios.

Dios da a cada persona una misión única para cumplir en la tierra. Los grandes líderes conocen su misión e inspiran a otros a seguirlos."

🖐 Conoce tu misión.
Salude como soldado y mueva su cabeza diciendo "sí".

3. LOS GRANDES LÍDERES SIRVEN A SUS SEGUIDORES

"En el versículo 4, Jesús se levantó de la mesa y se quitó las prendas exteriores. Luego, se ató una toalla a la cintura y comenzó a lavar los pies de los discípulos.

Los líderes del mundo esperan que sus seguidores estén a su servicio. Sin embargo, los líderes como Jesús sirven a sus seguidores.

Los líderes del mundo ejercen control y poder sobre aquellos que lideran. Sin embargo, los líderes como Jesús potencian a aquellos que les siguen."

"Los líderes del mundo se centran en sí mismos y no en las personas que lideran. En contraste, los líderes como Jesús se enfocan en las necesidades de sus seguidores, sabiendo que Dios responde a nuestras propias necesidades mientras cuidamos a los demás. Dios nos bendice para que podamos bendecir a otros."

> ✋ Sirve a tus Seguidores
> Inclínate con las dos manos en posición clásica de oración.

4. LOS GRANDES LÍDERES CORRIGEN SIN DUREZA

"En los versículos 6 al 9, Pedro cometió varios errores, pero en cada ocasión, Jesús le corrigió con delicadeza.

Pedro le dijo a Jesús que no le lavara los pies. Jesús le dijo que era necesario para su amistad. Él le corrigió con delicadeza.

Entonces Pedro dijo a Jesús que lavara todo su cuerpo. Jesús le dijo que ya estaba limpio, volviendo a corregir con delicadeza.

Los líderes del mundo critican, culpan, y abaten a su gente. Los líderes como Jesús corrigen con amabilidad, alientan a sus seguidores, y motivan a la gente."

> Corrige con Gentileza
> Haz un corazón con los dedos índice y pulgar de ambas manos.

5. LOS GRANDES LÍDERES CONOCEN LOS PROBLEMAS ACTUALES EN EL GRUPO

"En los versículos 10 y 11, la Biblia nos dice que Jesús sabía que Judas era un problema en el grupo y que lo iba a entregar.

Conocer cuáles son los problemas de un grupo y enfrentarlos son una parte importante del liderazgo. Muchos líderes tratan de esconderse de los problemas que enfrenta el grupo, pero los problemas sólo se hacen más grandes.

Observe cómo Jesús mostró moderación en su trato con Judas, sabiendo que Dios es el que castiga las malas acciones, no los líderes."

> Problemas en el Grupo
> Pon las manos a los lados de tu cabeza, como si tuvieras un fuerte dolor de cabeza.

6. LOS GRANDES LÍDERES DAN UN BUEN EJEMPLO A SEGUIR

"En los versículos 12 al 16, Jesús explicó por qué había lavado los pies de los discípulos. Él era su líder, sin embargo, les lavó los pies, una tarea de un siervo. Jesús mostró a los discípulos que el liderazgo incluye servirse los unos a los otros.

Los seguidores reflejan e imitan a sus líderes. Si estamos siguiendo a Jesús, los que nos siguen estarán siguiendo a Jesús también. ,,

> ✋ Da un buen ejemplo
> Apunta hacia el cielo y agita la cabeza "sí".

7. LOS GRANDES LÍDERES SABEN QUE SON BENDECIDOS

"En el versículo 17, Jesús dijo a sus discípulos que Dios los bendeciría cuando lideren a otros, sirviéndole de esa manera a Él.

A veces es difícil ser un líder, pero los que siguen a Jesús saben que son bendecidos.

A veces uno se siente sólo cuando lidera, pero Jesús bendice a los que lideran con Su presencia.

Los seguidores no siempre aprecian a sus líderes, pero Jesús promete el apoyo de Dios si seguimos Su ejemplo de predicar sirviendo a los demás."

> ✋ Saber que son bendecidos
> Las manos elevadas en alabanza hacia el cielo.

Versículo de Memoria

–JUAN 13:14-15–
PUES SI YO, EL SEÑOR Y EL MAESTRO, LES HE LAVADO LOS PIES, TAMBIÉN USTEDES DEBEN LAVARSE LOS PIES LOS UNOS A LOS OTROS LES HE PUESTO EL EJEMPLO, PARA QUE HAGAN LO MISMO QUE YO HE HECHO CON USTEDES.

- Todo el mundo se para y repiten juntos el versículo diez veces. Las primeras seis ocasiones pueden usar su Biblia o sus anotaciones. Las últimas cuatro veces, repiten el versículo de memoria. Diga la cita bíblica del versículo antes repetirlo cada vez y tomen asiento cuando hayan terminado.
- Seguir esta rutina ayudará a los capacitadores saber que los equipos han terminado la lección en la sección "práctica".

PRÁCTICA

- Divide a los líderes en grupos de cuatro.

"Ahora, vamos a utilizar el mismo proceso de entrenamiento que uso Jesús para practicar lo que hemos aprendido en esta lección de liderazgo."

- Conduce a los líderes a través del proceso de formación paso a paso, dándoles 7 a 8 minutos para discutir cada una de las siguientes secciones.

PROGRESO

"Comparte con tu grupo cuál de las siete cualidades de un gran líder es la más fácil para ti."

PROBLEMAS

"Comparte con tu grupo cuál de las siete cualidades de un gran líder es la más difícil para ti."

PLANES

"Comparte una tarea que hará hacer a su grupo en los próximos 30 días que le ayudarán a seguir el ejemplo de liderazgo de Jesús."

- Todo el mundo deberá registrar los planes de sus compañeros para que puedan orar por ellos más tarde.

PRÁCTICA

"Comparte una habilidad que personalmente practicará en los próximos 30 días para ayudarle a mejorar como líder en su grupo."

- Todo el mundo registra las habilidades de sus compañeros para que puedan orar por ellos más tarde.
- Después de que cada persona ha compartido la habilidad que practicará, los miembros del grupo se ponen de pie y repiten el versículo de memoria diez veces juntos.

ORACIÓN

"Pasa tiempo orando por cada uno de los planes y habilidades que practicarán en los próximos 30 días para mejorar como líder."

Fin

Chinlone

- Pide a seis voluntarios que muestren sus habilidades de Chinlone★ al grupo. Ayuda a la seis a hacer un círculo en el centro de la habitación.

  "He dispuesto que un equipo famoso de Chinlone nos muestre sus habilidades. Aplaudamos para mostrarles nuestro agradecimiento por su visita".

- Organiza a los jugadores con una sola persona en el frente del grupo como el "líder". Pide a los demás hacer dos filas de frente al líder.

  "En primer lugar, nuestro famoso equipo Chinlone va a mostrar cómo jugar Chinlone al estilo griego. Escuchen las reglas que ellos seguirán. Cada persona debe patear la pelota Chinlone al líder. Después de que el líder reciba el balón, lo pateará a otro jugador. Se penalizará a los jugadores que pasen la pelota a otros jugadores, en lugar de al líder."

- Pide al equipo que muestre el estilo "griego" de jugar Chinlone. Jugar Chinlone de esta manera será difícil y confusa para los jugadores. En plan de broma, agarra a las personas que pasen la bola a alguien que no sea el líder. Grítales "¡Penalización!" Corrige sus errores y muéstrales que tienen que patear la pelota solamente al líder.

"¿Qué pasó cuando jugaron Chinlone de esta manera?" (Jugar el juego de estas normas fue difícil. Los jugadores parecían aburridos. No fue muy divertido)

- Ahora, pide a los jugadores que formen un círculo Chinlone regular, situando al "líder" en el centro.

"Esta vez vamos a poner al grupo Chinlone a jugar de la manera hebrea, pero con un líder que trate de controlar todo. Vamos a utilizar las mismas reglas que antes - los jugadores deben patear la pelota al líder, que la devolverá a los demás."

- El equipo tendrá un mejor desempeño en esta ocasión, pero el líder mostrará signos de fatiga después de unos minutos de juego. Sanciona de una manera humorística si los jugadores patean la pelota a alguien que no sea el líder.

"¿Qué pasó cuando jugaron Chinlone de esta manera?" (El líder trabajó duro y se cansó mucho. Los jugadores cometieron muchos errores. Fue aburrido.)

- Haz que los jugadores formen un círculo Chinlone tradicional con todas las personas, incluso el líder, en el círculo. Diles que no tienen que patear la pelota al líder cada vez. Pídeles que jueguen Chinlone de la forma en que siempre lo hacen.

"Ahora, el famoso equipo Chinlone nos mostrará cómo jugar Chinlone de la forma hebrea."

- Déjalos jugar durante varios minutos hasta que todos en el seminario estén disfrutando de verlos y hagan comentarios sobre su juego.

"¿Qué pasó cuando jugaron Chinlone de esta manera? (Todo el equipo se unió. Todo el equipo tuvo éxito. Ellos hicieron algunas jugadas espectaculares.)

La tercera forma de jugar Chinlone es un buen ejemplo de un liderazgo servicial. El líder ayuda a todos en el grupo, participa y contribuye. El líder no maneja todo, sino que da a otros la libertad de expresar su propio estilo. Este es el ejemplo de liderazgo que Jesús nos dio para seguir."

- Pide a un líder del grupo que cierre la sesión en oración.

"Oremos por todos nosotros como líderes, para dirigir como Jesús y por los planes que hemos hecho en nuestros grupos. Oremos también por las habilidades que se practicarán, para mejorar como líder, durante los próximos 30 días."

Chinlone es el nombre de un juego jugado por lo general por hombres en Myanmar. Los participantes hacen un círculo y se pasan una pelota de caña, de un lado al otro usando sólo sus pies. El objetivo de Chinlone es evitar que la bola caiga al suelo durante el mayor tiempo posible. Los jugadores a menudo perfeccionan las patadas y movimientos especiales para impresionar a los demás. La altura y la precisión del pase causan los mayores aplausos de los espectadores y participantes.

La gente juega Chinlone a través de Asia, pero cada país tiene un nombre diferente para el juego. Hable con los residentes locales para averiguar el nombre del juego en el área donde se esté capacitando.

Si la capacitación de líderes se realiza en un área que no tenga un juego parecido a "Chinlone", puede sustituir la pelota por un "hacky sag". Utilice un balón para llevar a cabo esta parte de la formación.

4

Crecer Fuerte

Los líderes que entrenas, lideran grupos y aprender de lo exigente que puede ser liderar a otros. Los líderes enfrentan significativas guerras espirituales desde fuera de su grupo y por las diferencias de personalidad dentro del grupo. Una de las claves de un liderazgo efectivo es identificar los diferentes tipos de personalidad y aprender a trabajar eficazmente con ellos como un equipo. La lección "Crecer Fuerte" provee a los líderes una manera sencilla de ayudar a las personas a descubrir su tipo de personalidad. Cuando entendemos cómo nos ha hecho Dios, contamos con claves importantes sobre cómo podemos crecer más fuertes en Él.

Existen ocho tipos de personalidad: el soldado, el buscador, el pastor, el sembrador, el hijo/hija, el santo, el siervo y el mayordomo. Después de ayudar a los líderes a que descubran a que tipo pertenecen, los entrenadores discutirán los puntos fuertes y débiles de cada tipo. Mucha gente asume que Dios ama al tipo de personalidad que sus culturas valoran más. Otros líderes creen que la capacidad de liderazgo depende de la personalidad. Estas creencias limitantes son simplemente falsas. La sesión termina haciendo hincapié en que los líderes deben tratar a las personas como individuos. La capacitación de líderes debe responder a las necesidades individuales y no ser de una sola talla para todos.

Alabanzas

- Canten dos canciones de adoración juntos. Pídele a un líder que ore por esta sesión.

Progreso

- Pídele a otro líder que comparta un breve testimonio (tres minutos) de cómo Dios está bendiciendo a su grupo. Después de que un líder comparta su testimonio, pide al grupo que oren por él o ella.
- Por otra parte, modela un tiempo de entrenamiento con un líder con el modelo de capacitación de líderes "Progreso, Problemas, Plan, Práctica, Oración".

Problema

"Los líderes, a menudo equivocadamente, esperan que sus seguidores actúen y reaccionen de la misma manera. Con todo, Dios ha creado a las personas con diferentes personalidades. Una de las claves para un liderazgo efectivo es el reconocimiento de los diferentes tipos de personalidad, y aprender a trabajar eficazmente con ellos como un equipo.

Jesús es un hijo y quiere que el amor y la unidad abunden en su familia. Comprender las diferentes personalidades nos ayudará a amar más a los demás".

Plan

"En esta lección aprenderemos ocho diferentes tipos de personalidad. Descubrirás que tipo de personalidad Dios te ha dado, y cómo ayudar a otros a reconocer su tipo de personalidad. Todo creyente puede crecer más fuerte en el Señor cuando entiendan cómo Dios los ha creado."

Opinar

Bienvenida
  ¿Quién Construye la Iglesia?
  ¿Por Qué es tan Importante?
  ¿Cómo Construye Jesús su Iglesia?
    Sé Fuerte en Dios 🖐
    Comparte el Evangelio 🖐
    Haz Discípulos 🖐
    Inicia Grupos e Iglesias 🖐
    Desarrolla Líderes 🖐

  –I Corintios 11:1–Imítenme a mí, como yo imito a Cristo. (NVI)

Entrenando como Jesús
  ¿Cómo Entrenó Jesús a los Líderes?
    Progreso 🖐
    Problemas 🖐
    Planes 🖐
    Práctica 🖐
    Oración 🖐

—Lucas 6:40—El discípulo no está por encima de su maestro, pero todo el que haya completado su aprendizaje, a lo sumo llega al nivel de su maestro. (NVI)

Liderando como Jesús
¿Quién Dijo Jesús que Era el Líder más Grande? 🖐
¿Cuáles son las Siete Cualidades de un Gran Líder?
1. Los Grandes Líderes Aman a la Gente 🖐
2. Los Grandes Líderes Conocen su Misión 🖐
3. Los Grandes Líderes Sirven a sus Seguidores 🖐
4. Los Grandes Líderes Corrigen con Gentileza 🖐
5. Los Grandes Líderes Conocen los Problemas Actuales en el Grupo 🖐
6. Los Grandes Líderes Dan un Buen Ejemplo a Seguir 🖐
7. Los Grandes Líderes Saben que son Bendecidos 🖐

—Juan 13:14-15—Pues si yo, el Señor y el Maestro, les he lavado los pies, también ustedes deben lavarse los pies los unos a los otros. Les he puesto el ejemplo, para que hagan lo mismo que yo he hecho con ustedes.

¿Qué Personalidad te ha dado Dios?

- Pida a los líderes que dibujen en sus cuadernos un círculo grande en una hoja en blanco.

"El círculo que estoy dibujando representa a todas las personas en el mundo."

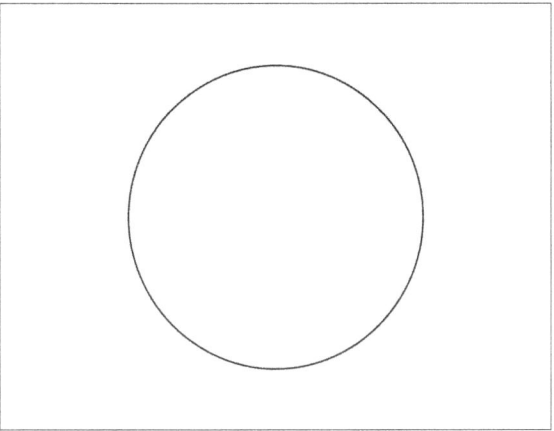

- Pida a los líderes que tracen una línea horizontal que divida el círculo por la mitad. Marque el lado derecho del círculo como "relaciones" y etiquete el lado izquierdo del círculo como "tareas".

"Toda persona cae en uno de estos dos grupos: personas que están más centradas en la tarea, y las personas que están más centradas en las relaciones. Dios creó a los dos tipos de personas, por lo que ninguno de los dos es mejor o peor; es sólo la manera que Dios ha hecho la gente. Elija un punto en la línea que mejor represente su tipo de persona."

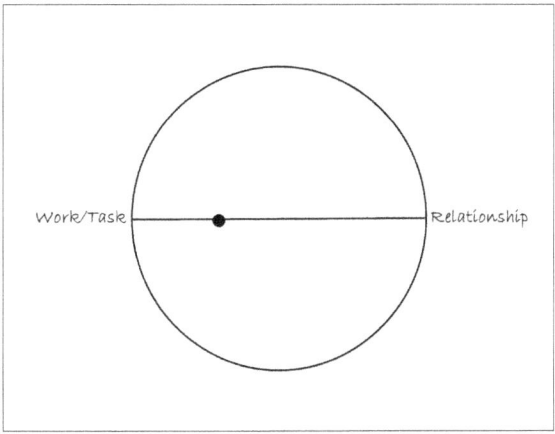

(Una persona más centrada en la tarea dibujará un punto en la línea más cerca del lado izquierdo. Una persona más centrada en las relaciones dibujará un punto en la línea más cerca del lado derecho. Si la persona es la mitad centrada en relaciones y mitad en la tarea, dígale que marque cerca a la línea media, pero eligiendo un lado de los dos.)

"*Comparte tus resultados con un compañero y ve si tu compañero está de acuerdo con el punto que elegiste. Tómate alrededor de cinco minutos para hacer esto.*"

- Pide a los líderes para tracen una línea vertical que corte el círculo en cuatro partes iguales. Marque la parte superior del círculo como "extrovertido" y la parte inferior del círculo como "introvertido".

"*Todos en el mundo también se dividen en dos grupos más: los que son orientados más hacia afuera (extrovertidos) y los que son orientado más hacia adentro (introvertidos). Ninguna orientación es mejor o peor que la otra. Es tan sólo la manera como Dios hace a la gente.*

Elija un lugar en la línea vertical que mejor represente tu preferencia."

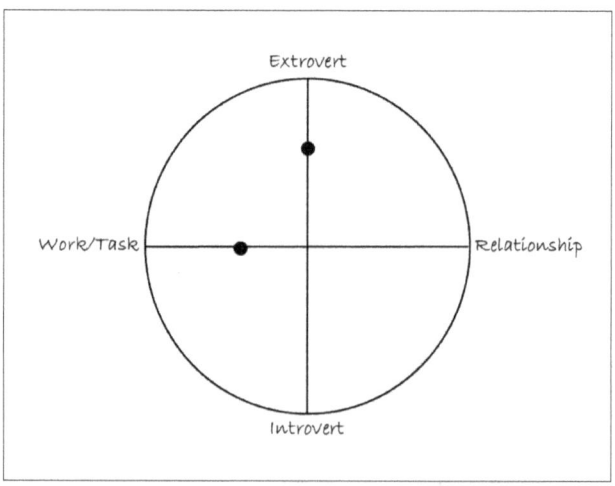

(Una persona centrada en lo externo marcaría más cerca de la parte superior del círculo. Una persona centrada en su interior marcaría un punto en la parte inferior del círculo. Si la persona es mitad extrovertido y mitad introvertido, dígale que dibuje el punto cerca de la línea media, pero en un lado o el otro.)

"Comparte tus resultados con un vecino y comprueba si tu vecino está de acuerdo con lo que dibujaste. Tómate cerca de tres minutos para hacerlo."

- Pide a los líderes que dibujen dos líneas diagonales (una "X"), que ahora dividirá al círculo en ocho partes iguales.
- Los líderes dibujarán a continuación un cuadrado de línea de puntos para determinar en dónde cae su personalidad.
- La siguiente ilustración muestra el diagrama completo con una personalidad de buscador.

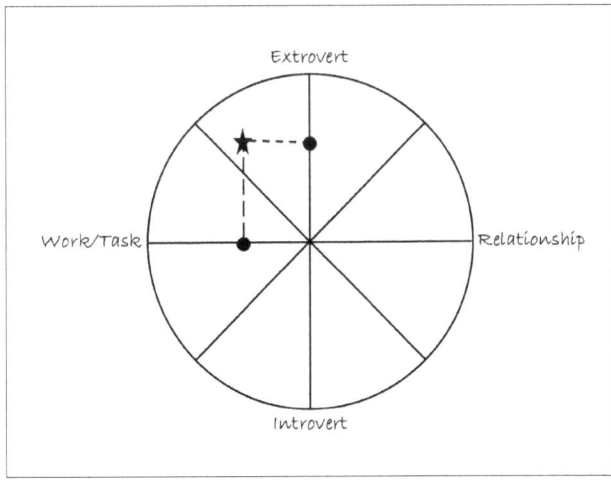

- Desde la porción 09:00-10:30, vaya hacia la derecha y explica los siguientes ocho tipos de personalidad:
- Escribe el nombre del tipo de personalidad en el espacio en blanco mientras explica sus cualidades positivas y negativas.

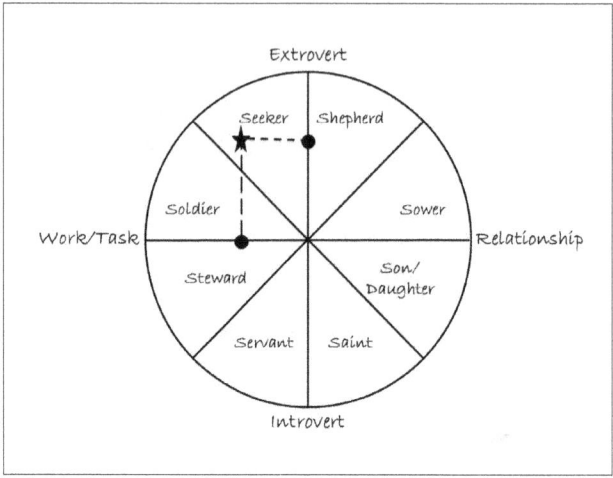

SOLDADO

- Altamente enfocado a la tarea, un poco más extrovertido que introvertido.
- Positivo: Ve lo que es necesario para la victoria, decidido y honorable, tiene una actitud de "hacer lo que sea necesario".
- Negativo: Puede ser dominante e insensible, puede ganar la batalla pero perder la guerra.

BUSCADOR

- Altamente extrovertido, enfocado un poco más en la tarea que en las relaciones.
- Positivo: Ve nuevas oportunidades, hábil en las redes y contactos, es un empresario.
- Negativo: Puede buscar el placer, puede ser incapaz de concentrarse en una tarea, puede pensar que lo nuevo es siempre mejor.

PASTOR

- Altamente extrovertido, enfocado un poco más en las relaciones que en la tarea.
- Positivo: Ve las necesidades espirituales de la gente, disfruta de liderar grupos y se destaca en animar a la gente en sus luchas emocionales.
- Negativo: Puede ser mandamás, puede crear camarillas, puede tener dificultades para cooperar con el liderazgo existente.

SEMBRADOR

- Altamente enfocado en las relaciones, un poco más extrovertido que introvertido.
- Positivo: Ve potencial en la gente, capacita, en constante mejora de sí mismo.
- Negativo: Puede sembrar el conflicto, lucha contra el desaliento, habla de temas favoritos con demasiada frecuencia.

HIJO O HIJA

- Altamente enfocado en las relaciones, un poco más introvertido que extrovertido.
- Positivo: Ve lo que se necesita para que otros se sientan "parte de la familia", mantiene la paz, y subraya la importancia del individuo.
- Negativo: Puede creer que su familia es la "mejor", puede ser celoso e inseguro.

SANTO

- Altamente introvertido, un poco más enfocado en la relación que en la tarea.
- Positivo: Ve maneras en que la gente puede conectarse con Dios, defiende las tradiciones, es la voz moral de la comunidad.
- Negativo: Puede parecer "más santo que tú", lucha aceptando a los demás, es a veces legalista.

SIERVO

- Altamente introvertido, un poco más enfocado en la tarea más que en la relación.
- Positivo: Ve cómo satisfacer las necesidades físicas de las personas, son leales, trabajan mejor detrás de bambalinas.
- Negativo: Sirve a los demás, pero no puede hacerse cargo de su propia familia, acepta el cambio lentamente, tiene dificultad para ver el panorama completo.

MAYORDOMO

- Altamente enfocado en la tarea, un poco más introvertido que extrovertido.
- Positivo: Ve la mejor manera de organizar los recursos, es sabio y práctico.
- Negativo: Puede empantanarse en la burocracia, tiene falta de empatía, o pone a la organización sobre las necesidades reales de las personas.

"Muéstrele a tu compañero, a cuál de los ocho tipos de personalidad perteneces y da ejemplos."

¿Qué Tipo de Personalidad Dios Ama Más?

- Permite a los líderes para debatan sobre este punto. Sus respuestas le darán una aguda comprensión de su cultura. Cada cultura tiende a valorar uno o dos de las imágenes de Cristo por encima del resto.

    "Dios hizo a cada tipo de personalidad y después de que terminó, dijo: Es bueno. Todos ellos son sus favoritos."

¿Qué Tipo de Personalidad Hace el Mejor Líder?

- *Pide a los líderes que discutan esta cuestión. Por lo general, dos o tres imágenes de Cristo surgirán como favoritas. Los líderes discutirán entre estos dos o tres tipos de personalidades como los mejores líderes. Hemos encontrado respuestas que varían de forma significativa entre las culturas occidental y oriental. Después de que el grupo comparta sus opiniones, comparte la siguiente reflexión con ellos.*

    "Muchas personas se sorprenden al saber que pueden ser líderes excepcionales con cualquiera de los ocho tipos de personalidad. El liderazgo no depende de la personalidad. Yo podría llevarte a ocho mega-iglesias en los Estados Unidos que tienen una asistencia de más de 5.000 personas cada semana. La mayoría de la gente diría que estas iglesias están dirigidas por grandes líderes. Si hablas con los diferentes pastores descubrirás que cada uno de ellos tiene una personalidad diferente. Cada uno lidera con una imagen diferente de Cristo. La personalidad no es lo que hace a un buen líder. Un buen líder es una persona que puede conducir al equipo completo para que trabajen juntos y tengan éxito. Jesús es el líder más grande de todos los tiempos. Síguelo y también te convertirás en un gran líder."

El Versículo de Memoria

-ROMANOS 12:4-5-
PUES ASÍ COMO CADA UNO DE NOSOTROS TIENE UN SOLO CUERPO CON MUCHOS MIEMBROS, Y NO TODOS ESTOS MIEMBROS DESEMPEÑAN LA MISMA FUNCIÓN, 5 TAMBIÉN NOSOTROS, SIENDO MUCHOS, FORMAMOS UN SOLO CUERPO EN CRISTO, Y CADA MIEMBRO ESTÁ UNIDO A TODOS LOS DEMÁS.

- Todo el mundo se para y repite el versículo diez veces juntos. Las primeros seis ocasiones pueden usar su Biblia o sus anotaciones. Las últimas cuatro veces, repiten el versículo de memoria. Digan la cita bíblica antes de repetir el versículo cada vez, y tomen asiento cuando hayan terminado.
- Seguir esta rutina ayudará a los entrenadores saber que los equipos han terminado la lección en la sección "práctica".

PRÁCTICA

- Divide a los líderes en grupos de cuatro. Pídeles que usen el proceso de formación con la lección de liderazgo.
- Conduzca a los líderes paso a paso a través del proceso de formación, dándoles 7-8 minutos para discutir cada una de las siguientes secciones.

PROGRESO

"Comparte a cuál de los ocho tipos de personalidad te pareces y da ejemplos."

PROBLEMAS

„*Comparte a cuál de los ocho tipos de personas no te pareces y da ejemplos.*"

PLANES

"*Comparte un plan sencillo para descubrir los diferentes tipos de personalidad en su grupo en el próximo mes.*"

- Todo el mundo registra los planes del otro, para que puedan orar por sus compañeros más tarde.

PRÁCTICA

"*Comparta una tarea que vaya a hacer en los próximos 30 días para ayudarle a mejorar como líder en esta área.*"

- Todo el mundo registra el tema de práctica de sus socios para que puedan orar por ellos más tarde.
- Los líderes se ponen de pie y repiten el versículo diez veces juntos después de que todo el mundo haya compartido la habilidad que practicará.

ORACIÓN

"*Pasa un tiempo orando por cada uno de los planes y las habilidades que se practicarán en los próximos 30 días para mejorar como líderes.*"

Fin

El Queso Americano ❧

"Pide a los líderes que pretendan que están en un restaurante. Haz que los líderes se junten en grupos de tres o cuatro y explícales que sus grupos son "mesas" donde están comiendo. Pretendan que eres el camarero y que va a tomar su orden."

- Coloque una toalla sobre su brazo, ve a la primera mesa, y pregúntales qué les gustaría comer. No importa lo que pidan, respóndeles "Lo siento, no contamos con eso en este momento, les voy a dar una hamburguesa con queso americana en su lugar."
- Después de varias mesas, la mayoría de la gente comenzará a pedir hamburguesa con queso americana porque se darán cuenta que es todo lo que tienes.

"Este sketch muestra un error común de liderazgo. Los líderes esperan que todos actúen y sean iguales, pero Dios ha hecho a cada persona diferente. Los buenos líderes aprenden a trabajar con personas con diferentes personalidades. Enseñan a la gente cómo cooperar y respetar las diferencias."

- Pide a uno de los líderes que haga una oración de acción de gracias por las diferentes maneras en que Dios ha creado a las personas.

5

Más Fuertes Juntos

En la última lección cada líder descubrió su tipo de personalidad. "Más Fuertes Juntos", muestra a cada líder como su tipo de personalidad interactúa con los demás. ¿Por qué en el mundo la gente tiene ocho diferentes tipos de personalidades? Algunos dicen que el arca de Noé llevó a ocho personas, mientras que otros dicen que Dios hizo a un tipo de personalidad para cada punto de la brújula - norte, noreste, este, etc. Podemos explicar la razón fácilmente. El mundo tiene ocho diferentes tipos de personalidades, porque Dios creó a las personas a su imagen. Si quieres ver cómo es Dios, la Biblia dice que miremos a Jesús. Los ocho tipos básicos de personalidad en el mundo reflejan las ocho imágenes de Jesús.

Jesús es como un soldado - comandante en jefe del ejército de Dios. Él es como un buscador - buscando y salvando a los perdidos. Él es como un pastor – dando a sus seguidores comida, agua, y descanso. Jesús es como un sembrador - siembra la Palabra de Dios en nuestras vidas. Él es un hijo – Dios lo llamó el amado y nos mandó a escucharlo. Jesús es el salvador y nos llama para que lo representemos en el mundo como santos. Él es un siervo – obediente a su Padre, hasta la muerte. Por último, Jesús es un mayordomo – muchas de sus parábolas tratan acerca del manejo del tiempo, dinero o de las personas.

Cada líder tiene la responsabilidad de ayudar a la gente para que trabajen juntos. Inevitablemente se producirán conflictos entre las diferentes personalidades, porque cada una ve al mundo de manera diferente. Las dos maneras más comunes de lidiar con los conflictos es evitarse o luchar entre ellos. Una tercera manera de lidiar con el conflicto, guiados por el Espíritu de Dios, es encontrar soluciones que respeten y afirmen a cada tipo de personalidad. La sesión termina con un concurso de drama que muestra esta verdad de una manera cómica. El diagrama "las ocho imágenes de Cristo" nos ayuda a entender cómo amar mejor a los demás. Este es un trabajo para todos los seguidores de Jesús.

Alabanzas

- Canten dos canciones de adoración juntos. Pide a un líder que oren por esta sesión.

Progreso

- Pide a otro líder en el seminario que comparta un breve testimonio (tres minutos) de cómo Dios está bendiciendo a su grupo. Después de que el líder comparta su testimonio, pide al grupo que oren por él o ella.
- Por otra parte, organice un tiempo de entrenamiento con un líder con el modelo de capacitación de líderes "Progreso, Problemas, Plan, Práctica, Oración".

Problema

"En la última lección hemos aprendido acerca de los ocho diferentes tipos de personalidad. Este conocimiento nos ayudará a entender cómo se producen los conflictos en un grupo. Nada detiene a una misión o ministerio más rápido que un conflicto. La gente intercambia palabras acaloradas y hieren los sentimientos del otro. Luego, la misión o ministerio comienza a avanzar en cámara lenta."

Plan

"Jesús es el Salvador y llama a sus seguidores a ser los santos que lo representen ante el mundo. El mundo sabe que somos cristianos por la forma en que manejamos los conflictos. El plan de esta lección es mostrar por qué sucede el conflicto y cómo manejar los desacuerdos cuando aparecen."

Opinar

Bienvenida
¿Quién Construye la Iglesia?
¿Por Qué es Tan Importante?
¿Cómo Construye Jesús su Iglesia?
  Sé Fuerte en Dios 🖐
  Comparte el Evangelio 🖐
  Haz Discípulos 🖐
  Inicia Grupos e Iglesias 🖐
  Desarrolla Líderes 🖐

–I Corintios 11:1–Imítenme a mí, como yo imito a Cristo. (NVI)

Entrenando como Jesús
¿Cómo Entrenaba Jesús a los Líderes?
- Progreso 🖐
- Problemas 🖐
- Plan 🖐
- Práctica 🖐
- Oración 🖐

> *–Lucas 6:40– El discípulo no está por encima de su maestro, pero todo el que haya completado su aprendizaje, a lo sumo llega al nivel de su maestro. (NVI)*

Liderar como Jesús
¿Quién Dijo Jesús que Era el Líder más Grande? 🖐
¿Cuáles Son las Siete Cualidades de un Gran Líder?
1. Los Grandes Líderes Aman a la Gente 🖐
2. Los Grandes Líderes Conocen su Misión 🖐
3. Los Grandes Líderes Sirven a sus Seguidores 🖐
4. Los Grandes Líderes Corrigen sin Dureza 🖐
5. Los Grandes Líderes Conocen los Problemas Actuales en el Grupo 🖐
6. Los Grandes Líderes Dan un Buen Ejemplo a Seguir 🖐
7. Los Grandes Líderes Saben que son Bendecidos 🖐

> *–Juan 13:14-15– Pues si yo, el Señor y el Maestro, les he lavado los pies, también ustedes deben lavarse los pies los unos a los otros. Les he puesto el ejemplo, para que hagan lo mismo que yo he hecho con ustedes.*

Crecer Fuerte
¿Cuál Personalidad le ha dado Dios?
- Soldado ✋
- Buscador ✋
- Pastor ✋
- Sembrador ✋
- Hijo / Hija ✋
- Santo ✋
- Sirviente ✋
- Mayordomo ✋

¿Cuál Tipo de Personalidad Dios le Gusta Más?
¿Cuál Tipo de Personalidad hace al Mejor Líder?

> *–Romanos 12:4-5– Pues así como cada uno de nosotros tiene un solo cuerpo con muchos miembros, y no todos estos miembros desempeñan la misma función, también nosotros, siendo muchos, formamos un solo cuerpo en Cristo, y cada miembro está unido a todos los demás.*

¿Por qué hay ocho tipos de personas en el mundo?

> –GÉNESIS 1:26–
> Y DIJO: "HAGAMOS AL SER HUMANO A NUESTRA IMAGEN Y SEMEJANZA..."

> –COLOSENSES 1:15–
> ÉL (JESÚS) ES LA IMAGEN DEL DIOS INVISIBLE, EL PRIMOGÉNITO DE TODA CREACIÓN.

"El hombre es creado a imagen de Dios. Si quieres ver la imagen del Dios invisible, mira a Jesús. Incluso en nuestro estado como caídos, reflejamos quién es Jesús. Existen ocho imágenes de Jesús en la Biblia que nos ayudan a saber cómo es Jesús."

¿Cómo es Jesús?

SOLDADO

–Mateo 26:53–
¿Crees que no puedo acudir a mi Padre, y al instante pondría a mi disposición más de doce batallones de ángeles? (NVI)

✋ Soldado
Levanta tu espada.

BUSCADOR

–Lucas 19:10–
Porque el Hijo del hombre vino a buscar y a salvar lo que se había perdido. (NVI)

✋ Buscador
Mira para delante y para atrás con la mano sobre los ojos.

PASTOR

–Juan 10:11–
Yo soy el buen pastor. El buen pastor da su vida por las ovejas.

✋ Pastor
Mueve los brazos hacia su cuerpo como si reuniera a las personas.

SEMBRADOR

–MATEO 13:37–
—EL QUE SEMBRÓ LA BUENA SEMILLA ES EL HIJO DEL HOMBRE —LES RESPONDIÓ JESÚS— (NVI)

✋ Sembrador
Lanza semillas con las manos.

HIJO O HIJA

–LUCAS 9:35–
ENTONCES SALIÓ DE LA NUBE UNA VOZ QUE DIJO: «ÉSTE ES MI HIJO, MI ESCOGIDO; ESCÚCHENLO.»

✋ Hijo
Mover las manos hacia la boca, como si estuvieras comiendo.

SALVADOR / SANTO

–MARCOS 8:31–
Luego comenzó a enseñarles: —EL HIJO DEL HOMBRE TIENE QUE SUFRIR MUCHAS COSAS Y SER RECHAZADO POR LOS ANCIANOS, POR LOS JEFES DE LOS SACERDOTES Y POR LOS MAESTROS DE LA LEY. ES NECESARIO QUE LO MATEN Y QUE A LOS TRES DÍAS RESUCITE.

"Estamos llamados a ser santos representando Su obra de salvación para el mundo"

✋ Salvador / Santo
Pon tus manos en la posición clásica "manos que oran".

SIRVIENTE

–JUAN 13:14-15–
PUES SI YO, EL SEÑOR Y EL MAESTRO, LES HE LAVADO LOS PIES, TAMBIÉN USTEDES DEBEN LAVARSE LOS PIES LOS UNOS A LOS OTROS. 15 LES HE PUESTO EL EJEMPLO, PARA QUE HAGAN LO MISMO QUE YO HE HECHO CON USTEDES.

✋ Sirviente
Empuña un martillo.

MAYORDOMO

–LUCAS 6:38–
DEN, Y SE LES DARÁ: SE LES ECHARÁ EN EL REGAZO UNA MEDIDA LLENA, APRETADA, SACUDIDA Y DESBORDANTE. PORQUE CON LA MEDIDA QUE MIDAN A OTROS, SE LES MEDIRÁ A USTEDES.

✋ Mayordomo
Saque dinero de su bolsillo de la camisa o bolso.

¿Cuáles son las tres opciones que tenemos cuando un conflicto se produce?

HUIR (RESPUESTA DE LA CARNE)

"Diferentes personalidades tienen diferentes ideas y formas de llevar a cabo las tareas. Las personas directamente situadas frente a frente en el diagrama circular generalmente sufren más cuando

trabajan juntos. Por lo general trabajan duro para entenderse entre sí.

Por ejemplo, el sembrador quiere gastar dinero y tiempo para ver a la gente crecer, pero el mayordomo quiere ahorrar dinero y tiempo para que la misión pueda continuar. Las buenas decisiones requieren de ambos puntos de vista. Hacer hincapié en uno por encima del otro crea competencia y falta de juicio.

Para la mayoría de la gente, hacer frente a los conflictos es difícil y las partes terminan sin buena comunicación. Ante el temor de más conflicto y dolor, nos mantenemos alejados de la otra persona. Nuestro lema se convierte en: más vale prevenir que curar.

En esta situación, la gente discute, huye y se esconde de los demás."

✋ Mantenga los puños juntos. Muévalos alejándolos uno del otro y ocultándolos en la espalda.

LUCHAR UNO CONTRA EL OTRO (RESPUESTA DE LA CARNE)

"A veces la gente no evita el conflicto, sino que son abiertamente hostiles con la otra persona. Nos sentimos heridos o incomprendidos y la otra persona debe "pagar" por lo que ha hecho. Podemos pelear con palabras, actitudes o los puños. Todo esto siempre resultará en una acumulación de conflictos.

Por ejemplo, un buscador quiere nuevas experiencias y oportunidades, mientras que un santo quiere que el grupo esté fijado sobre una base sólida. Necesitamos a ambos en el cuerpo de Cristo. Dos grupos tratando tanto lo "nuevo" y lo "viejo" juntos puede ser un reto.

Los estilos de adoración parecen ser particularmente propensos a este problema. Los grupos se reúnen alrededor de su estilo y los grupos menosprecian a otros que tengan un estilo diferente. Se lanzan palabras, actitudes y acciones entre ellos y sufre la unidad.

En esta situación, discutimos y peleamos unos contra otros."

✋ Mantenga los puños juntos y golpéelos juntos.

ENCONTRAR UN CAMINO A TRABAJAR JUNTOS POR EL ESPÍRITU DE DIOS (RESPUESTA DEL ESPÍRITU)

"El Espíritu Santo guía la tercera respuesta. Si reconocemos que en nuestra carne, tendemos a huir o luchar cuando se trata de los conflictos, podemos pedir y depender del Espíritu para ayudarnos a encontrar una manera de trabajar juntos. Creemos que las soluciones a los problemas que vienen de todo el cuerpo de Cristo son mejores. La tercera respuesta pone a la comunicación, la confianza y el amor por encima de todo."

"Por ejemplo, un soldado desea que la iglesia se organice y en misión con Dios. Por el contrario, un hijo o hija, quiere que la iglesia sea un lugar de curación para la familia. El soldado se concentra en la tarea, el hijo o hija se concentra en las relaciones. A medida que se unen en el Espíritu, se encuentra una manera de llevar a cabo la misión y ayudar a que todos se sientan parte del equipo. Trabajar, trabajar y trabajar - pero también jugar, jugar y jugar.

En esta situación, encontraremos una manera de unirnos en Cristo y trabajar en pro de su reino."

✋ Junte los puños, suelte el puño y entrelaza los dedos, estrecharse las manos de arriba hacia abajo, como si estuvieran trabajando juntas.

Versículo de memoria

–GÁLATAS 2:20–
HE SIDO CRUCIFICADO CON CRISTO, Y YA NO VIVO YO SINO QUE CRISTO VIVE EN MÍ. LO QUE AHORA VIVO EN EL CUERPO, LO VIVO POR LA FE EN EL HIJO DE DIOS, QUIEN ME AMÓ Y DIO SU VIDA POR MÍ; (NVI)

- Todo el mundo se para y repite el versículo diez veces juntos. Las primeros seis ocasiones pueden usar su Biblia o sus anotaciones. Las últimas cuatro veces, repiten el versículo de memoria. Digan la cita bíblica antes de repetir el versículo cada vez, y tomen asiento cuando hayan terminado.
- Seguir esta rutina ayudará a los entrenadores saber que los equipos han terminado la lección en la sección "práctica".

Práctica

Concurso de Teatro

- Divide a los líderes en grupos de al menos ocho personas cada uno. Diles a los líderes que vas a organizar un concurso de teatro con premios para los ganadores. Se dará el primer premio al equipo que realice el drama más gracioso.
- Cada miembro del grupo imitará una imagen de Cristo. Los líderes deben elegir una imagen diferente a su propia

- personalidad. Por ejemplo, si el tipo de personalidad de una persona es "soldado", debe elegir otra imagen de Cristo en lugar de "soldado" para actuar en el drama.
- El sketch que se llevará a cabo es "una reunión de grupo acerca de cómo iniciar nuevas iglesias en una provincia vecina". Los miembros del drama deben representar su papel en el conflicto entre sí (la carne). Nadie está en el camino del espíritu.
- Ellos tendrán 5 minutos para presentar su obra de teatro con el grupo. Inste al grupo a poner "un tono teatral" para que la gente sepa cual es el papel que están actuando en el drama.
- Da a los líderes suficiente tiempo para practicar su drama (por lo menos 20 minutos).
- Inicio del concurso. Al final de la actuación de cada grupo, ve alrededor del círculo de los actores y ve si los líderes pueden adivinar cuál es el papel que cada miembro estaba actuando. Otorga el "primer lugar" al grupo con la actuación más divertida y apegada a la vida real. Premio sugeridos: tratados evangelísticos, CD de culto, dulces, etc.
- Después de que los grupos hayan terminado, pide a cada grupo que elija algunos "buenos actores" de su grupo. Pide a los "buenos actores" de cada grupo que formen un nuevo grupo y realicen nuevamente la dramatización como un recién formado grupo de teatro.

Una Pregunta Común

¿Cuál es la diferencia entre las ocho imágenes de Cristo y los dones espirituales?

Dios creó a las personas a su imagen, y si uno quiere ver la imagen del Dios invisible, la Biblia dice que debemos mirar a Jesús. Las ocho imágenes son como las personas son "programadas", y es aplicable tanto a los creyentes y como a los no creyentes. Usar las ocho imágenes como la base para el crecimiento espiritual aborda al problema tomando en cuenta el inventario de los dones espirituales. ¿Cómo puede un no creyente tomar un inventario de dones espirituales y descubrir que tienen dones espirituales, si no creen en Dios en absoluto?

Las ocho imágenes de Cristo son como "cubos" donde los dones espirituales son vertidos. Un pastor podría tener el don espiritual de la misericordia, o la exhortación, o la concesión, según la voluntad del Espíritu. Hemos observado que algunos dones espirituales se agrupan en torno a ciertas imágenes de Cristo más a menudo. Por ejemplo, el don de servir y la imagen de un siervo a menudo van de la mano.

6

Comparte el Evangelio

¿Cómo puede la gente creer, si nunca han escuchado el evangelio? Por desgracia, los seguidores de Jesús no siempre comparten el evangelio para que la gente pueda creer. Una de las razones es que nunca han aprendido a compartir el Evangelio. Otra razón es que se ponen a trabajar en su rutina diaria y se olvidan de compartirlo. En la lección "Comparte el Evangelio", los líderes aprenden a hacer una "pulsera del evangelio" para compartir con amigos y familiares. La pulsera nos recuerda que debemos compartir con los demás y es un buen punto de partida para iniciar una conversación. Los colores de la pulsera nos recordarán cómo compartir el evangelio con las personas que están buscando a Dios.

La pulsera del evangelio muestra cómo dejamos la familia de Dios. En el principio era Dios - la perla de oro. El Espíritu Santo creó un mundo perfecto con cielos y mares – la perla azul. Él creó al hombre y lo colocó en un hermoso jardín - la perla verde. El primer hombre y la primera mujer desobedecieron a Dios y trajeron el pecado y el sufrimiento al mundo – la perla negra. Dios envió a su Hijo unigénito al mundo, y vivió una vida perfecta - la perla blanca. Jesús pagó por nuestros pecados al morir en la cruz – la perla roja.

La pulsera del evangelio nos muestra cómo podemos volver a la familia de Dios, invirtiendo el orden. Dios ha dicho que todo aquél que crea que Jesús murió en la cruz por él - la perla roja - y que Jesús es el Hijo de Dios - la perla blanca - tiene el perdón de sus pecados - el cordón negro. Dios nos adopta de nuevo en Su familia y crecemos pareciéndonos más a Jesús - la perla verde. Dios nos da su Espíritu Santo – la perla azul - y promete que estará con él en el cielo cuando muramos donde existen calles de oro – la perla de oro.

La lección concluye mostrando que Jesús es el único camino hacia Dios. Nadie es lo suficientemente inteligente, lo suficientemente bueno, lo suficientemente fuerte, o ama lo suficiente como para llegar a Dios por sí mismo. Jesús es el único camino que la gente puede recorrer para retornar a Dios. Seguir a Jesús es la única verdad que libera a las personas de sus pecados. Sólo Jesús puede conceder la vida eterna a causa de su muerte en la cruz.

Alabanzas

- Canten dos canciones de adoración juntos. Pida a un líder que ore por esta sesión.

Progreso

- Pide a otro líder en el seminario que comparta un breve testimonio (tres minutos) de cómo Dios está bendiciendo a su grupo. Después de que un líder comparta su testimonio, pide al grupo que ore por él o ella.

Problema

"Muchos creyentes luchan por compartir el evangelio. Se preguntan, ¿Con quién debo compartir el evangelio? y ¿Qué debo decir? A menudo los creyentes están ocupados y no reconocen cuando Dios está obrando en la vida de otra persona para traerlos a la fe."

Plan

"En esta lección, vamos a revisar una manera sencilla de compartir el evangelio, practicar el compartir, y hacer una pulsera del evangelio que nos ayude a recordar a compartir el evangelio más a menudo."

Resumen

Bienvenida
¿Quién Construye la Iglesia?
¿Por Qué es tan Importante?
¿Cómo Construye Jesús Su Iglesia?
  Sé Fuerte en Dios 🖐
  Comparte el Evangelio 🖐
  Haz Discípulos 🖐
  Inicia Grupos y de las Iglesias 🖐
  Desarrolla líderes 🖐

–I Corintios 11:1–Imítenme a mí, como yo imito a Cristo. (NVI)

Entrene como Jesús
  ¿Cómo Entrenó Jesús a los Líderes?
    Progreso 🖐
    Problemas 🖐
    Planes 🖐
    Práctica 🖐
    Oración 🖐

> –Lucas 6:40–El discípulo no está por encima de su maestro, pero todo el que haya completado su aprendizaje, a lo sumo llega al nivel de su maestro. (NVI)

Liderar como Jesús
  ¿Quién Dijo Jesús que Era el Líder más Grande? 🖐
  ¿Cuáles Son las Siete Cualidades de un Gran Líder?
    1. Los Grandes Líderes Aman a la Gente 🖐
    2. Los Grandes Líderes Conocen su Misión 🖐
    3. Los Grandes Líderes Sirven a sus Seguidores 🖐
    4. Los Grandes Líderes Corrigen sin Dureza 🖐
    5. Los Grandes Líderes Conocen los Problemas Actuales en el Grupo 🖐
    6. Los Grandes Líderes Dan un Buen Ejemplo a Seguir 🖐
    7. Los Grandes Líderes Saben que son Bendecidos 🖐

> –Juan 13:14-15–Pues si yo, el Señor y el Maestro, les he lavado los pies, también ustedes deben lavarse los pies los unos a los otros. Les he puesto el ejemplo, para que hagan lo mismo que yo he hecho con ustedes.

Crecer Fuerte
   ¿Cuál Personalidad le ha dado Dios?
      Soldado
      Buscador
      Pastor
      Sembrador
      Hijo / Hija
      Santo
      Sirviente
      Mayordomo
   ¿Cuál Tipo de Personalidad Dios le Gusta Más?
   ¿Cuál Tipo de Personalidad hace al Mejor Líder?

> *—Romanos 12:4-5—Pues así como cada uno de nosotros tiene un solo cuerpo con muchos miembros, y no todos estos miembros desempeñan la misma función, también nosotros, siendo muchos, formamos un solo cuerpo en Cristo, y cada miembro está unido a todos los demás.*

Más Fuertes Juntos
   ¿Por Qué hay Ocho Tipos de Personas en el Mundo?
   ¿A Quién se Parece Jesús?
      Soldado
      Buscador
      Pastor
      Sembrador
      Hijo / Hija
      Salvador / Santo
      Sirviente
      Mayordomo

¿Cuáles Son las Tres Opciones que Tenemos Cuando el Conflicto se Produce?
Huir 🖐
Lucha el uno contra el otro 🖐
Encontrar un camino, con el Espíritu de Dios, para trabajar juntos 🖐

–Gálatas 2:20–He sido crucificado con Cristo, y ya no vivo yo sino que Cristo vive en mí. Lo que ahora vivo en el cuerpo, lo vivo por la fe en el Hijo de Dios, quien me amó y dio su vida por mí; (NVI)

¿Cómo puedo compartir el Evangelio de manera simple?

–Lucas 24:1-7–
El primer día de la semana, muy de mañana, las mujeres fueron al sepulcro, llevando las especias aromáticas que habían preparado. Encontraron que había sido quitada la piedra que cubría el sepulcro y, al entrar, no hallaron el cuerpo del Señor Jesús. Mientras se preguntaban qué habría pasado, se les presentaron dos hombres con ropas resplandecientes. Asustadas, se postraron sobre su rostro, pero ellos les dijeron: —¿Por qué buscan ustedes entre los muertos al que vive? No está aquí; ¡ha resucitado! Recuerden lo que les dijo cuando todavía estaba con ustedes en Galilea: "El Hijo del hombre tiene que ser entregado en manos de hombres pecadores, y ser crucificado, pero al tercer día resucitará."

- Después de que los líderes haya leído la escritura en voz alta, distribuye los siguientes materiales a cada participante:

    1. Una perla de color oro, azul, verde, negro, blanco y rojo
    2. Un trozo de cuero o cuerda de doce pulgadas de largo

- Explique cómo elaborar la "pulsera del evangelio". Comience por hacer un nudo en el centro de la cuerda para mantener las perlas en su lugar. Pase cada perla por la pulsera mientras explica su significado.

PERLA DE ORO

"En el principio sólo existía Dios."

PERLA AZUL

"Luego, el Espíritu de Dios creó todo en el mundo, incluyendo los mares y los cielos."

PERLA VERDE

"Dios hizo un hermoso jardín, creó al hombre y lo puso en la familia de Dios."

PERLA NEGRA

"Lamentablemente, el hombre desobedeció a Dios y trajo el pecado y el sufrimiento al mundo. A causa de su rebeldía, el hombre tuvo que salir del jardín y la familia de Dios."

PERLA BLANCA

"Dios todavía amaba al hombre en gran medida, por lo que envió a Jesús, su Hijo, al mundo. Jesús vivió una vida perfecta y obedeció a Dios en todo."

PERLA ROJA

"Jesús murió en la cruz por nuestros pecados y fue enterrado en una tumba."

- En este punto, los líderes no agregan más perlas a la pulsera del evangelio, sino que hacen un nudo para mantener las perlas en su lugar. Se comienza la siguiente sección apuntando a la perla roja y trabajando hacia atrás hasta que se termina en la perla de oro.

PERLA ROJA

"Y vio Dios el sacrificio de Jesús por nuestros pecados y lo aceptó. El resucitó a Jesús de la tumba después de tres días para demostrar al mundo que Jesús es el único camino para retornar a Dios."

PERLA BLANCA

"Aquellos que creen que Jesús es el Hijo de Dios y creen que Él ha pagado el precio por sus pecados..."

PERLA NEGRA

"Y aquellos que se arrepienten de sus pecados y le piden a Jesús que les ayude..."

PERLA VERDE

"... Dios los perdona y les da la bienvenida a Su familia de nuevo, al igual como lo fueron en el primer jardín."

PERLA AZUL

"Dios deposita Su espíritu en ellos, y crea una nueva persona, al igual como Él creó todo el mundo en el principio."

PERLA DE ORO

"Finalmente, todos aquellos que confían en Jesús algún día pasarán la eternidad con Dios. Ellos vivirán con otros creyentes en una ciudad hecha de oro puro.

Me gusta este brazalete porque me recuerda dónde he estado y hacia dónde voy. El brazalete del evangelio también me recuerda cómo Dios perdonó mis pecados, y mi vida cambió.

¿Estás listo para volver a la familia de Dios? Vamos a orar juntos y decirle a Dios que creemos que Él creó un mundo perfecto y envió a su hijo a morir por tus pecados. Arrepiéntete de tus pecados, pide perdón y Dios te recibirá en Su familia de nuevo."

- Tómese un momento para asegurarse de que todos los líderes en el seminario son creyentes. Después de explicar acerca de la pulsera del evangelio, pregunte si alguien está dispuesto a volver a la familia de Dios.

¿Por qué necesitamos la ayuda de Jesús?

1. Nadie es lo suficientemente inteligente como para volver a Dios.

    –Isaías 55:9–
    Mis caminos y mis pensamientos son más altos que los de ustedes; ¡más altos que los cielos sobre la tierra!

   "Algunas personas piensan que existen muchos caminos hacia Dios. Ellos tejen teorías elaboradas para explicar cómo Jesús no puede ser el único camino para retornar a Dios. Sin embargo, la mente de Dios hace lucir a esta gente como de mente estrecha. Cuando Dios dice que Jesús es el único camino, la verdad y la vida, ¿A quién creerás?"

   ✋ Nadie es lo suficientemente inteligente
   Coloque los dedos índices de ambas manos al lado de su cabeza y sacuda la cabeza "No."

2. Nadie está dando lo suficiente como para retornar a Dios.

    –Isaías 64:6–
    Todos somos como gente impura; todos nuestros actos de justicia son como trapos de inmundicia. Todos nos marchitamos como hojas; nuestras iniquidades nos arrastran como el viento. (NVI)

"Algunas personas creen que pueden recibir la vida eterna al dar dinero a los pobres. Creen que Dios verá sus buenas obras y les permitirá entrar al cielo. Sin embargo, nuestras mejores obras, son como trapos de inmundicia en comparación con lo que Dios ha hecho. Dio a Su único hijo por nosotros cuando Jesús murió en la cruz por nuestros pecados. Dios sólo acepta esta buena obra para nuestra salvación."

> ✋ Nadie da lo suficiente
> Simula tomar un montón de dinero de tu bolsillo de la camisa o del bolso y sacude la cabeza "No."

3. Nadie es lo suficientemente fuerte como para retornar a Dios.

   –ROMANOS 7:18–
   YO SÉ QUE EN MÍ, ES DECIR, EN MI *NATURALEZA PECAMINOSA, NADA BUENO HABITA. AUNQUE DESEO HACER LO BUENO, NO SOY CAPAZ DE HACERLO. (NVI)

"Otras personas creen que el camino hacia Dios para por la auto-negación. Ellos practican la meditación, el ayuno y rechazar el mundo. Ellos creen que una persona gana la salvación mediante el control de sus deseos. Una persona debe depender de sus propias fuerzas. Un hombre que se ahoga no tiene el poder para salvarse a sí mismo. Él debe recibir ayuda. Jesús es la única persona lo suficientemente fuerte para vivir una vida perfecta. Retornaremos a Dios dependiendo sólo de la fuerza de Jesús y no de nuestros propios esfuerzos."

> ✋ Nadie es lo suficientemente fuerte
> Levanta los dos brazos en posición de "hombre fuerte" y mueve la cabeza "No."

4. Nadie es lo suficientemente bueno como para volver a Dios.

   –ROMANOS 3:23–
   PUES TODOS HAN PECADO Y ESTÁN PRIVADOS DE LA GLORIA DE DIOS.

"El último grupo de personas cree que puede volver a Dios porque sus obras buenas pesan más que sus malas acciones. Están seguros de que han realizado más buenas acciones y que ganarán el favor de Dios. Ellos se justifican diciendo: - Nunca he hecho algo tan malo como esa persona de ahí -. Sin embargo, Dios nos juzgará a todos comparándonos con la vida perfecta de su Hijo Jesús. En comparación con Jesús, todos nosotros nos quedamos cortos. Sólo el sacrificio de Jesús fue lo suficientemente bueno para que Dios lo acepte. Sólo Jesús es lo suficientemente bueno para llevarnos de vuelta a la familia de Dios. Debemos confiar en su bondad y no en la nuestra."

   ✋ Nadie es lo suficientemente bueno
   Pon las manos como si estuvieran pesando algo en una balanza, muévelas arriba y abajo, y agita la cabeza "No."

Versículo de Memoria

   –JUAN 14:6–
   —YO SOY EL CAMINO, LA VERDAD Y LA VIDA —LE CONTESTÓ JESÚS—. NADIE LLEGA AL PADRE SINO POR MÍ.

- Todo el mundo se para y repite el versículo diez veces juntos. Las primeros seis ocasiones pueden usar su Biblia o sus anotaciones. Las últimas cuatro veces, repiten el versículo de memoria. Digan la cita bíblica antes de repetir el versículo cada vez, y tomen asiento cuando hayan terminado.

- Seguir esta rutina ayudará a los entrenadores saber que los equipos han terminado la lección en la sección "práctica".

PRÁCTICA

- Divide a los líderes en grupos de cuatro.

  "Ahora vamos a utilizar el mismo proceso de entrenamiento que Jesús utilizó para practicar lo que hemos aprendido en esta lección de liderazgo."

- Conduce a los líderes a través del proceso formativo, paso a paso, dándoles 7-8 minutos para discutir cada una de las siguientes secciones.

PROGRESOS

"Comparte un breve testimonio con tu grupo acerca de alguien que se haya convertido en un seguidor de Cristo recientemente."

PROBLEMAS

"Comparte con tu grupo lo que hace que compartir el evangelio sea difícil para ti."

PLANES

"Comparte los nombres de cinco personas con las que vas a compartir el evangelio en los próximos 30 días."

- Todo el mundo debe registrar los planes de sus socios para que puedan orar por ellos más tarde.

PRÁCTICA

- Usando la "pulsera del evangelio" como una guía, cada líder debe compartir, por turnos, el evangelio con grupo pequeño.
- Todos los miembros del grupo se ponen de pie y repiten juntos diez veces el versículo de memoria.

ORACIÓN

"Pasa un tiempo orando por la lista de nombres del grupo de personas que necesitan volver a la familia de Dios."

FIN

El poder de la Formación de Entrenadores

Escribe el siguiente cuadro sobre una pizarra o sobre un cartel antes de la sesión. Investiga las estadísticas antes de la sesión, pero deja que los líderes den a sus estimaciones. Este debate deberá fomentar una discusión activa sobre los números correctos y hacer los números más "reales" para los participantes.

Población Total		Iniciar una Nueva Iglesia	
Total de Incrédulos		Promedio de Tamaño de Iglesias	
Total de Creyentes		Total de Iglesias	
Objetivo a alcanzar 2%		Objetivo de la Iglesia	

"Me gustaría mostrarles por qué los árboles de entrenamiento son importantes. Vamos a llenar juntos el siguiente cuadro."

[Las estadísticas citadas para el grupo en esta ilustración son sólo un ejemplo. Si todos los líderes provienen del mismo grupo, utiliza las estadísticas de su grupo. Si provienen de varios grupos, utiliza los números de la provincia, estado o país.]

Población Total	2,000,000	Iniciar una Nueva Iglesia	10
Total de Incrédulos	1,995,000	Promedio de Tamaño de Iglesias	50
Total de Creyentes	5,000	Total de Iglesias	100
Objetivo a alcanzar 2%	40,000	Objetivo de la Iglesia	800

"Nuestro grupo de personas tiene una población total de 2.000.000 personas. Se estima que hay 5.000 creyentes, lo que significa que 1.995.000 personas no están siguiendo a Jesús. El objetivo es llegar a por lo menos el 2% de la población de Jesús, que significa 40.000 personas. ¡Todavía tenemos un largo camino por recorrer!

En promedio, una iglesia existente iniciará una nueva iglesia cada 10 años. El tamaño promedio de una iglesia en todo el mundo es de 50 personas, por lo que se estima que hay cerca de 100 iglesias en nuestro grupo de personas (5000/50). Nuestro objetivo es llegar a 40.000 personas, por lo que tenemos que fundar 700 iglesias más. Estas cifras son aproximadas, pero ayudan a hacerse una idea de lo que está sucediendo en nuestro grupo.

La iglesia promedio toma diez años para iniciar otra iglesia, por lo que en diez años se duplica el número de iglesias. Nuestra meta para el número total de iglesias es de 800 (40000/50). Algunas iglesias serán mucho mayores de cincuenta asistentes, pero muchas iglesias otras más pequeñas, por lo que este número es una buena estimación. Ahora vamos a comparar dos diferentes maneras de lograr nuestro objetivo".

Fundar Iglesias Tradicionales	Años	Entrenando Líderes	Años
100		5,000	
200	10	10,000	1
400	20	20,000	2
800	30	40,000	3

"Como pueden ver, si nos concentramos en el entrenamiento de líderes para fundar grupos, podremos lograr nuestras metas en tres años. Actualmente contamos con 5.000 creyentes. Si cada uno comparte el evangelio, lleva a una persona a Cristo, los capacita como líderes en un grupo, y les enseña a hacer lo mismo, los creyentes se duplicarían cada año y tendríamos 40.000 después de tres años.

Si nos basamos únicamente en fundar iglesias de la manera tradicional, lograríamos nuestra meta en 30 años. Actualmente contamos con 100 iglesias y si se duplicarán cada 10 años, tendríamos 800 iglesias en 30 años.

¡Existe una gran diferencia entre tres años y treinta años!

Un problema común entre las iglesias es que no utiliza un proceso para capacitar a las personas para convertirlas en líderes. Como resultado, pocos líderes existen para ayudar a fundar nuevas iglesias o nuevos grupos. Cuando entrenamos como Jesús, se resuelve este problema de una manera sencilla, pero poderosa."

Mi Plan de Jesús

- Pide a los líderes que vayan a la parte posterior de su guía de participante donde verán la página "El Plan de Jesús". Explica que los líderes compartirán su Plan de Jesús con el grupo al final del seminario. Posteriormente, los líderes orarán por la bendición de Dios en sus familias, ministerios, y en sus planes.

  "Notarán un lugar en la flecha para rellenar los datos demográficos de su grupo objetivo. Tómense unos minutos para orar y llenar los espacios en blanco de la mejor manera que puedan. Es posible cambiar más adelante si reciben mejor información."

Haz Discípulos

Un buen líder siempre tiene un buen plan. Jesús dio a sus discípulos uno simple pero poderoso, el plan para sus ministerios en Lucas 10: prepara tu corazón, encuentra gente de paz, comparte las buenas nuevas y evalúa los resultados. Jesús nos ha dado un buen plan a seguir.

Ya sea que iniciemos un ministerio en una iglesia, una iglesia nueva o una célula, los pasos en el plan de Jesús nos ayudarán a evitar errores innecesarios. Esta lección enseña a los líderes cómo entrenar a los demás acerca de sus Planes de Jesús personales. También comenzarán a trabajar en sus Planes de Jesús que expondrán al grupo.

Alabanzas

- Canten dos canciones de adoración juntos. Pide a un líder que ore por esta sesión.

Progreso

- Pide a otro líder en el seminario que comparta un breve testimonio (tres minutos) de cómo Dios está bendiciendo a su grupo. Después de que un líder comparta su testimonio, pide al grupo que oren por él o ella.
- Alternativamente, prepare un tiempo de entrenamiento con un líder usando el modelo de capacitación de líderes "Progresos, Problemas, Plan, Práctica, Oración".

Problema

"Cuando fallamos en planificar, planificamos para fallar. Desarrollar un plan sencillo y estratégico puede ser difícil. Muchos líderes pasan la mayor parte de sus tiempos reaccionando a los problemas en vez de recorrer una ruta clara para el futuro".

Plan

"Jesús vino a buscar y a salvar a los perdidos y cuando lo seguimos, hacemos lo mismo. Él dio a sus discípulos un plan claro que también podemos aplicar a nuestra misión."

Resumen

Bienvenida
¿Quién Construye la Iglesia?
¿Por Qué es tan Importante?
¿Cómo Construye Jesús Su Iglesia?
Sé Fuerte en Dios 🖐
Comparte el Evangelio 🖐
Haz Discípulos 🖐

Inicia Grupos y de las Iglesias ✋
Desarrolla líderes ✋

–I Corintios 11:1–Imítenme a mí, como yo imito a Cristo. (NVI)

Entrene como Jesús
¿Cómo Entrenó Jesús a los Líderes?
Progreso ✋
Problemas ✋
Planes ✋
Práctica ✋
Oración ✋

–Lucas 6:40–El discípulo no está por encima de su maestro, pero todo el que haya completado su aprendizaje, a lo sumo llega al nivel de su maestro. (NVI)

Liderar como Jesús
¿Quién Dijo Jesús que Era el Líder más Grande? ✋
¿Cuáles Son las Siete Cualidades de un Gran Líder?
1. Los Grandes Líderes Aman a la Gente ✋
2. Los Grandes Líderes Conocen su Misión ✋
3. Los Grandes Líderes Sirven a sus Seguidores ✋
4. Los Grandes Líderes Corrigen sin Dureza ✋
5. Los Grandes Líderes Conocen los Problemas Actuales en el Grupo ✋
6. Los Grandes Líderes Dan un Buen Ejemplo a Seguir ✋
7. Los Grandes Líderes Saben que son Bendecidos ✋

–Juan 13:14-15–Pues si yo, el Señor y el Maestro, les he lavado los pies, también ustedes deben lavarse los pies los unos a los otros. Les he puesto el ejemplo, para que hagan lo mismo que yo he hecho con ustedes.

Crecer Fuerte
    ¿Cuál Personalidad le ha dado Dios?
        Soldado 🖐
        Buscador 🖐
        Pastor 🖐
        Sembrador 🖐
        Hijo / Hija 🖐
        Santo 🖐
        Sirviente 🖐
        Mayordomo 🖐
    ¿Cuál Tipo de Personalidad Dios le Gusta Más?
    ¿Cuál Tipo de Personalidad hace al Mejor Líder?

> *—Romanos 12:4-5–Pues así como cada uno de nosotros tiene un solo cuerpo con muchos miembros, y no todos estos miembros desempeñan la misma función, también nosotros, siendo muchos, formamos un solo cuerpo en Cristo, y cada miembro está unido a todos los demás.*

Más Fuertes Juntos
    ¿Por Qué hay Ocho Tipos de Personas en el Mundo?
    ¿A Quién se Parece Jesús?
        Soldado 🖐
        Buscador 🖐
        Pastor 🖐
        Sembrador 🖐
        Hijo / Hija 🖐
        Salvador / Santo 🖐
        Sirviente 🖐
        Mayordomo 🖐

¿Cuáles Son las Tres Opciones que Tenemos Cuando el Conflicto se Produce?
Huir ✋
Lucha el uno contra el otro ✋
Encontrar un camino, con el Espíritu de Dios, para trabajar juntos ✋

–Gálatas 2:20–He sido crucificado con Cristo, y ya no vivo yo sino que Cristo vive en mí. Lo que ahora vivo en el cuerpo, lo vivo por la fe en el Hijo de Dios, quien me amó y dio su vida por mí; (NVI)

Comparte el Evangelio
¿Cómo puedo compartir el Evangelio de manera sencilla?
Perla de oro
Perla azul
Perla verde
Perla negra
Perla blanca
Perla roja
¿Por qué necesitamos la ayuda de Jesús?
Nadie es lo suficientemente inteligente como para retornar a Dios. ✋
Nadie puede dar lo suficiente como para retornar a Dios. ✋
Nadie es lo suficientemente fuerte como para retornar a Dios. ✋
Nadie es lo suficientemente bueno como para retornar a Dios. ✋

–Juan 14:6–Yo soy el camino, la verdad y la vida —le contestó Jesús—. Nadie llega al Padre sino por mí.

¿Cuál es el Primer Paso del Plan de Jesús?

–LUCAS 10:1-4–
[1]DESPUÉS DE ESTO, EL SEÑOR ESCOGIÓ A OTROS SETENTA Y DOS[a] PARA ENVIARLOS DE DOS EN DOS DELANTE DE ÉL A TODO PUEBLO Y LUGAR ADONDE ÉL PENSABA IR.
[2]«ES ABUNDANTE LA COSECHA —LES DIJO—, PERO SON POCOS LOS OBREROS. PÍDANLE, POR TANTO, AL SEÑOR DE LA COSECHA QUE MANDE OBREROS A SU CAMPO.
[3]¡VAYAN USTEDES! MIREN QUE LOS ENVÍO COMO CORDEROS EN MEDIO DE LOBOS.
[4]NO LLEVEN MONEDERO NI BOLSA NI SANDALIAS; NI SE DETENGAN A SALUDAR A NADIE POR EL CAMINO.1.

1. PREPARAD VUESTROS CORAZONES (1-4)

IR EN PAREJAS (1)

"En el versículo uno, Jesús dice que hay que ir en parejas: en la mayoría de las culturas, eso significa que dos hombres o dos mujeres. Sin un compañero, estás solo. Uno por uno sigue siendo igual a uno. Sin embargo, dos por dos es igual a cuatro. El potencial para la multiplicación se incrementa con un compañero.

Los tiempos difíciles desalientan a las personas, sobre todo si trabajan solas. En toda la Biblia, los líderes espirituales trabajaron acompañados y Jesús reafirma esta práctica en su plan."

- Enseña este principio mediante la realización del siguiente drama:

◈ Apóyate en Mí ◈

"¿Qué pasaría si fuera a un lugar a predicar sólo y tuvieras un accidente?"

- o Camina alrededor de la habitación como si fueras a tu área de ministerio. Dile a todos que estuviste en un accidente y te rompiste una pierna. Cojea por la habitación mientras tratas de predicar. Luego anuncia que un rayo te ha golpeado. Continúa tratando de predicar, pero ahora haz temblar tu cuello.

"¿Qué podría cambiar si una persona me acompaña?"

- o Repite el mismo escenario, pero con un compañero en esta ocasión. Tu compañero ayuda a vendarte y te cuida después del accidente. Tu compañero te advierte que te mantengas fuera de la lluvia cuando tengas una barra de metal en la mano.

"Jesús es sabio cuando dice que hay que caminar en pareja. Él sabe que ocurrirán problemas y vamos a necesitar a alguien para que nos ayude cuando ocurran."

✋ Utilice los dedos índice y medio de las dos manos para "caminar" juntos.

"Escribe en la primera columna de Mi Plan de Jesús la persona que crees que va a ser tu compañero."

IR DONDE JESÚS ESTÁ TRABAJANDO (1)

"Debido a que seguimos a Jesús, no hacemos nada por nosotros mismos, mira donde Jesús está trabajando y únete a Él. Ver dónde Jesús quiere que vayamos, no siempre es fácil. Sin embargo, la buena noticia es que Él nos ama y nos mostrará el camino."

- Revise los movimientos de la mano de la lección "Ir" del Seminario de Discipulado.

"Yo no hago nada por mí mismo."

> ✋ Ponga una mano sobre el corazón y agite la cabeza "no".

"Busco ver dónde Dios está trabajando."

> ✋ Ponga una mano sobre los ojos, busque a la izquierda y a la derecha.

"Donde Esté trabajando, yo me uno a Él."

> ✋ Apunta hacia un lugar en frente tuyo y mueve la cabeza "sí".

"Yo sé que Él me ama y me mostrará el camino."

> ✋ Levanta las manos en alabanza y luego cruza tus brazos sobre tu corazón.

"Escribe en la primera columna de tu Plan de Jesús, dónde Dios está trabajando y dónde Él te está llamando a que vayas."

ORE POR LOS LÍDERES ANTES DE LA COSECHA (2)

"En el versículo dos, Jesús nos manda a orar por la obra antes de partir. Jesús oró con fervor antes de llevar a cabo su plan. También debemos pasar mucho tiempo en la oración antes de empezar con nuestro plan.

Cuando oramos, oramos a Dios por las personas en nuestro equipo, por cómo se está trabajando, y por el pueblo donde llegaremos."

 Alabanza
Manos levantadas en adoración.

"Nos arrepentimos de nuestros pecados en nuestras vidas. Nos arrepentimos de cualquier pecado en la vida de las personas que nos están siguiendo. Nos arrepentimos también de los pecados del grupo al que estamos llegando (por ejemplo la superstición, la idolatría, el uso de amuletos,)."

 Arrepentirse
Las palmas de las manos hacia afuera cubriendo el rostro, la cabeza alejándose.

"Entonces le pedimos a Dios que nos provea a líderes locales en el lugar donde vamos. Pedimos a Dios que nos convierta en líderes que siguen a Jesús, para que cuando los demás nos sigan, estén siguiendo a Jesús."

 Pedir
Manos en espera de recibir.

"Finalmente, debemos someternos a lo que Dios quiere que hagamos."

🖐 **Someternos**
Las manos juntas en oración y en la frente como símbolo de respeto.

"Escribe en la primera columna de tu Plan de Jesús los nombres de los potenciales líderes por quienes estas orando en el lugar a donde iras".

IR CON HUMILDAD (3)

"En el versículo tres, Jesús dijo que Él nos envía como a corderos en medio de lobos, así que debemos ir con humildad. La gente escuchará un mensaje si viene de un corazón humilde. No nos escucharán si creen que somos orgullosos y arrogantes."

- Enseña este principio mediante la realización del siguiente drama:

☙ El Gran Líder ☙

"¿Qué creen que las personas de un pueblo pensarían si llegará a su pueblo actuando así...?"

- Camina con tu pecho hinchado diciendo: "Soy el gran líder, ¡deben escucharme!" Que todos sepan que te crees que el más grande y el mejor.

"Jesús es sabio cuando dice que hay que ir con humildad. Las personas son más receptivas cuando el mensajero es humilde y tiene un corazón para ayudar a otros. A nadie le gusta una persona desconsiderada".

✋ Ir con humildad
Ponga las manos en la posición "de rezar" y haga una reverencia.

"Escribir en la primera columna de mi Plan de Jesús la respuesta a la siguiente pregunta: ¿qué significa para ti ir con humildad?"

CONFÍE EN DIOS, NO EN EL DINERO (4)

"En el plan de Jesús, Jesús nos da principios claros a seguir al iniciar un ministerio o misión. A lo largo de la historia del cristianismo los líderes han cometido muchos errores en el ministerio ya que ignoraban uno de estos principios. Jesús nos dice que nuestro ministerio o misión tiene que depender de Dios y no del dinero. Podemos servir a Dios o al dinero, pero no a ambos. Debemos asegurarnos de que todo lo que hacemos dependa de Dios y no del dinero."

- Enseña este principio mediante la siguiente dramatización:

✎ El Dinero es como la Miel ✎

"¿Qué pensaría la gente si llegamos a su pueblo así…?"

- Carga una bolsa y pretende que has entrado en un pueblo. Acércate a uno de los líderes y dile: "Estamos fundando una nueva iglesia en el pueblo. Tenemos toneladas de dinero. ¡Acompáñame y ve lo que podemos hacer por ti!" Repite este mismo discurso a varios líderes del grupo.

"Jesús es sabio cuando nos dice que no confiemos en el dinero. En el ministerio, la gente debe acudir a Jesús porque Él es el hijo de Dios y el Salvador del mundo, y no por promesas de dinero y ayuda. El dinero es como la miel y atrae problemas si nosotros dependemos del mismo y no de Dios."

✋ Confíe en Dios, no en el Dinero
Pretende tomar dinero de tu bolsillo de la camisa, sacude la cabeza "no", y luego apunta hacia el cielo agitando tu cabeza "sí".

"Escribir en la primera columna de tu Plan de Jesús, cuánto va a costar financiar el primer año de tu nuevo ministerio o misión."

IR DIRECTAMENTE A DONDE ÉL TE ESTÁ LLAMANDO (4)

"En el versículo cuatro, Jesús nos manda no saludar a nadie por el camino. Él no nos está mandando a ser groseros, sino a mantenernos enfocados en la misión que Él nos ha dado. La mayoría de nosotros nos desviamos fácilmente al hacer buenas obras, en lugar de hacer las mejores obras."

- Enseña este principio mediante la siguiente dramatización:

≈ Las Buenas Distracciones ≈

"¿Qué pensaría la gente si llegamos a su pueblo así...?"

- Dile a todos que tu aprendiz va a demostrar este principio. Apunta a un grupo en el otro extremo de la habitación y di:

   "Un grupo de personas han pedido a mi amigo que los ayude. Miren lo que sucede."

- El aprendiz describe a los líderes lo que está haciendo. El aprendiz se pone en marcha hacia el grupo de personas que necesitan su ayuda, pero recuerda que debería decir adiós a sus amigos. Se sienta con sus amigos y habla con ellos por un tiempo. Después de unos minutos "recuerda" que tiene una misión. Se levanta para continuar su camino, pero recuerda que le debe algo de dinero a su hermana, así que va a su casa. Ella le invita cena y le pide que se quede a dormir. La tercera vez que se pone en marcha, hace otra excusa culturalmente apropiada. Por último, llega al área del ministerio, pero nadie en el pueblo quiere escucharlo ahora.

"Jesús es sabio cuando nos manda ir directamente al lugar del ministerio al cual nos ha llamado. Las preocupaciones de este mundo pueden distraernos y hacernos pasar por alto lo que Dios está haciendo en un lugar de ministerio."

🖐 Coloca las palmas de las manos y los dedos de ambas manos juntos y haz un ademán de "inmediatamente".

"Escribe en la primera columna de tu Plan de Jesús una lista de las posibles distracciones que podrías encontrar en sus notas."

Versículo de Memoria

—LUCAS 10:2—
ES ABUNDANTE LA COSECHA —LES DIJO—, PERO SON POCOS LOS OBREROS. PÍDANLE, POR TANTO, AL SEÑOR DE LA COSECHA QUE MANDE OBREROS A SU CAMPO.

- Todo el mundo se para y repiten juntos el versículo diez veces. Las primeras seis ocasiones pueden usar su Biblia o sus anotaciones. Las últimas cuatro veces, repiten el versículo de memoria. Diga la cita bíblica del versículo antes repetirlo cada vez y tomen asiento cuando hayan terminado.
- Seguir esta rutina ayudará a los capacitadores saber que los equipos han terminado la lección en la sección "práctica".

Práctica

- Divide a los líderes en grupos de cuatro. Pídeles que usen el proceso de entrenamiento de esta lección de liderazgo y respondan a las preguntas a continuación.
- Conduce a los líderes a través del proceso formativo, paso a paso, dándoles 7-8 minutos para discutir cada una de las siguientes secciones.

PROGRESO

"¿Qué parte de este paso es más fácil de obedecer para su grupo?"

PROBLEMAS

"¿Qué parte de este paso es el más difícil de obedecer para su grupo?"

PLANES

"¿Qué tarea vas a realizar con tu grupo en los próximos 30 días para obedecer a esta etapa del plan de Jesús?"

- Todo el mundo debe registrar cada uno de los planes para que puedan orar por sus compañeros más tarde.

PRÁCTICA

"¿Qué tarea que va a mejorar en su grupo en los próximos 30 días para obedecer a esta etapa del plan de Jesús?"

- Todo el mundo registra las tareas de sus compañeros para que puedan orar por ellos más tarde.
- Los líderes se levantan y repiten el versículo de memoria diez veces juntos después de que todo el mundo haya compartido la habilidad que practicará.

ORACIÓN

- Pase tiempo orando por cada uno de los planes

Fin

Mi Plan de Jesús

- Pide a los líderes que vayan a la parte posterior de su guía del participante, a la página "El Plan de Jesús".

"Utilizando las notas de esta sesión, completa la primera columna de su Plan de Jesús - cómo hará su trabajo. Escribe los detalles específicos sobre cómo seguir los principios de Jesús para el ministerio en Lucas 10."

My Jesus Plan

How we will go	What we will do	Where we will go	Who will go

Now
- Population –
- Believers –
- Churches –

Vision
- Population –
- Believers –
- Churches –

8

Inicia Grupos

Los líderes preparan sus corazones en el Paso 1 del Plan de Jesús. La lección „Inicia Grupos" cubre los pasos 2, 3 y 4. Podríamos evitar muchos errores en el ministerio y las misiones simplemente siguiendo los principios del plan de Jesús en Lucas 10. Los líderes aplican estos principios al final de la sesión, mientras llenan sus "Planes de Jesús" personales.

El paso 2 trata sobre el desarrollo de las relaciones. Nos unimos a Dios, donde Él esté trabajando y encontraremos personas influyentes que son sensibles al mensaje. Comemos y bebemos lo que nos den para mostrarles que los aceptamos. No cambiamos una amistad por otra porque esto desacredita el mensaje de reconciliación que predicamos.

Compartimos las buenas nuevas en el paso 3. Jesús es un pastor y quiere proteger y proveer para las personas. En este paso, los entrenadores animan a los líderes a que encuentren medios para llevar sanación mientras llevan a cabo su ministerio. A las personas no les interesa lo que sabes hasta que saben lo que te interesa. Sanar a los enfermos abre las puertas al Evangelio.

Se evalúan los resultados y se hacen ajustes en el paso 4. ¿Cuán receptivas son las personas? ¿Hay un interés genuino en los asuntos espirituales, u otra razón, como el dinero, mueve la curiosidad de la gente? Si la gente está respondiendo, hay que quedarse y continuar la misión. Si las personas no están respondiendo, Jesús nos manda a salir y comenzar en otro lugar.

ALABANZAS

- Canten dos canciones de adoración juntos. Pide a un líder que oran por esta sesión.

PROGRESO

- Pide a otro líder en el seminario que comparta un breve testimonio (tres minutos) de cómo Dios está bendiciendo a tu grupo. Después del testimonio del líder, pida al grupo que ore por él o ella.
- Alternativamente, prepare un tiempo de entrenamiento con un líder usando el modelo de capacitación de líderes "Progresos, Problemas, Plan, Práctica, Oración".

PROBLEMA

"Muchas veces los creyentes tienen un buen corazón y pasión para ayudar a su comunidad. Sin embargo no tienen un plan sencillo de seguir, y que se adapte a sus objetivos. Muchos fundan grupos utilizando el método de prueba y error, pero así se desperdicia tiempo y energía. Jesús dio a sus discípulos instrucciones claras acerca de cómo fundar grupos. Al seguir su plan, nos unimos a él donde esté trabajando y evitamos errores innecesarios."

Plan

"El objetivo de esta lección es mostrar una buena manera de fundar un grupo de discípulos siguiendo las instrucciones de Jesús. Se empieza por encontrar una persona de paz y conocer sus necesidades físicas y espirituales. Jesús también nos manda a evaluar nuestro trabajo al final de Su plan."

Opinar

Bienvenida
¿Quién Construye la Iglesia?
¿Por Qué es tan Importante?
¿Cómo Construye Jesús Su Iglesia?
Sé Fuerte en Dios
Comparte el Evangelio
Haz Discípulos
Inicia Grupos y de las Iglesias
Desarrolla líderes

–I Corintios 11:1–Imítenme a mí, como yo imito a Cristo. (NVI)

Entrenar como Jesús
¿Cómo Entrenó Jesús a los Líderes?
Progreso
Problemas
Planes
Práctica
Oración

–Lucas 6:40–El discípulo no está por encima de su maestro, pero todo el que haya completado su aprendizaje, a lo sumo llega al nivel de su maestro. (NVI)

Liderar como Jesús
¿Quién Dijo Jesús que Era el Líder más Grande? 🖐
¿Cuáles Son las Siete Cualidades de un Gran Líder?
   1. Los Grandes Líderes Aman a la Gente 🖐
   2. Los Grandes Líderes Conocen su Misión 🖐
   3. Los Grandes Líderes Sirven a sus Seguidores 🖐
   4. Los Grandes Líderes Corrigen sin Dureza 🖐
   5. Los Grandes Líderes Conocen los Problemas Actuales en el Grupo 🖐
   6. Los Grandes Líderes Dan un Buen Ejemplo a Seguir 🖐
   7. Los Grandes Líderes Saben que son Bendecidos 🖐

> –Juan 13:14-15–Pues si yo, el Señor y el Maestro, les he lavado los pies, también ustedes deben lavarse los pies los unos a los otros. Les he puesto el ejemplo, para que hagan lo mismo que yo he hecho con ustedes.

Crecer Fuerte
¿Cuál Personalidad le ha dado Dios?
   Soldado 🖐
   Buscador 🖐
   Pastor 🖐
   Sembrador 🖐
   Hijo / Hija 🖐
   Santo 🖐
   Sirviente 🖐
   Mayordomo 🖐
¿Cuál Tipo de Personalidad Dios le Gusta Más?
¿Cuál Tipo de Personalidad hace al Mejor Líder?

> –Romanos 12:4-5–Pues así como cada uno de nosotros tiene un solo cuerpo con muchos miembros, y no todos estos miembros desempeñan la misma función, también nosotros, siendo muchos, formamos

un solo cuerpo en Cristo, y cada miembro está unido a todos los demás.

Más Fuertes Juntos
¿Por Qué hay Ocho Tipos de Personas en el Mundo?
¿A Quién se Parece Jesús?
- Soldado
- Buscador
- Pastor
- Sembrador
- Hijo / Hija
- Salvador / Santo
- Sirviente
- Mayordomo

¿Cuáles Son las Tres Opciones que Tenemos Cuando el Conflicto se Produce?
- Huir
- Luchar el uno contra el otro
- Encontrar un camino, con el Espíritu de Dios, para trabajar juntos

–Gálatas 2:20– He sido crucificado con Cristo, y ya no vivo yo sino que Cristo vive en mí. Lo que ahora vivo en el cuerpo, lo vivo por la fe en el Hijo de Dios, quien me amó y dio su vida por mí; (NVI)

Comparte el Evangelio
¿Cómo puedo compartir el Evangelio de manera sencilla?
- Perla de oro
- Perla azul
- Perla verde
- Perla negra
- Perla blanca
- Perla roja

¿Por qué necesitamos la ayuda de Jesús?
> Nadie es lo suficientemente inteligente como para retornar a Dios.
> Nadie puede dar lo suficiente como para retornar a Dios.
> Nadie es lo suficientemente fuerte como para retornar a Dios.
> Nadie es lo suficientemente bueno como para retornar a Dios.

–Juan 14:6–Yo soy el camino, la verdad y la vida —le contestó Jesús—. Nadie llega al Padre sino por mí.

Haz Discípulos

¿Cuál es el Primer Paso del Plan de Jesús?
> Preparen Sus Corazones
> > Ir en Pareja
> > Ir Donde Jesús está Trabajando
> > Ore por los Líderes Antes de la Cosecha
> > Ir con Humildad
> > Confíe en Dios, no en el Dinero
> > Ir directamente donde Él te está Llamando

–Lucas 10:2–"Es abundante la cosecha —les dijo—, pero son pocos los obreros. Pídanle, por tanto, al Señor de la cosecha que mande obreros a su campo."

¿Cuál es el Segundo Paso en el Plan de Jesús?

–LUCAS 10:5-8–
⁵CUANDO ENTREN EN UNA CASA, DIGAN PRIMERO: "PAZ A ESTA CASA."
⁶SI HAY ALLÍ ALGUIEN DIGNO DE PAZ, GOZARÁ DE ELLA; Y SI NO, LA BENDICIÓN NO SE CUMPLIRÁ.

⁷QUÉDENSE EN ESA CASA, Y COMAN Y BEBAN DE LO QUE ELLOS TENGAN, PORQUE EL TRABAJADOR TIENE DERECHO A SU SUELDO. NO ANDEN DE CASA EN CASA. ⁸CUANDO ENTREN EN UN PUEBLO Y LOS RECIBAN, COMAN LO QUE LES SIRVAN.

2. Desarrollar Amistades (5-8)

BUSCAR UNA PERSONA DE PAZ (5, 6)

"En los versículos cinco y seis, Jesús nos manda a buscar gente de paz. Una persona de paz es alguien que está buscando a Dios en el lugar donde vas. Cuando hablas con ellos acerca de asuntos espirituales, expresan interés y quieren aprender más. Dios ya está trabajando y modelando a esta persona hacia Sí mismo. Compartir nuestro testimonio es a menudo una buena manera de encontrar a una persona de paz."

- Escribe en la segunda columna de su Plan de Jesús "Gente de Paz" que conozcas en tu área de destino.

  ✋ Gente de Paz
  Estrecha tus manos como si de dos amigos se tratasen.

COME Y BEBE LO QUE TE DEN (7, 8)

"¿Por qué crees que Jesús dice en el versículo siete: come y bebe lo que te den? Él quiere que seamos culturalmente sensibles en la medida en que desarrollemos amistades. La mejor manera de hacer esto es comer y beber lo que tu anfitrión te da con amistad.

¡A veces, es posible que tengas que pedir la gracia de Dios cuando algo de comida inusual entre a tu estómago! Sin embargo, si pides, recibirás. Recuerda, la gente se sienta amada y aceptada, cuando comemos lo que comen y bebemos lo que beben."

- Escribe en la segunda columna de tu plan de Jesús, las costumbres o preferencias alimentarias de tu grupo objetivo, a las que tendrás que ser sensible.

    🖐 Comer y Beber
    Pretende que comes y bebes. Luego, frota tu estómago como si la comida fuera buena.

NO TE MUEVAS DE CASA EN CASA (7)

"En el versículo siete, Jesús dice que permanezcamos en el hogar de la persona con quien nos conectamos en el pueblo. Desarrollar amistades toma tiempo y todas las relaciones enfrentan conflictos y problemas de vez en cuando. Si huimos a la primera señal de problemas, se desacredita el mensaje de reconciliación que estamos predicando."

    🖐 No te muevas de casa en casa
    Haz la silueta de un techo de una casa con las dos manos. Mueva la casa a varios lugares y sacude la cabeza: "No"

- Enseñe los principios de la segunda etapa del plan de Jesús mediante la realización de la siguiente dramatización:

~ Cómo Hacer Enojar a un Pueblo ~

"¿Qué crees que la gente pensaría si llegamos a su pueblo así?"

- Dile a todos que ambos, tu compañero y tú han seguido el plan de Jesús hasta el momento. Has ido a misiones en parejas. Has orado, has ido con humildad, y no estás ahí por el dinero. Dios está trabajando en el pueblo y ambos han ido directamente allí. Diles que observen lo que sucederá ahora y que vean cómo los aldeanos responden.
- Pide a los líderes que imaginen que el grupo de entrenamiento se lleva a cabo en un pueblo. Las agrupaciones de personas son casas de la aldea.
- Ve a la primera casa, da una bendición, siéntate con ellos y pasa tiempo con ellos. Pregúntales si tienen algo de comer, ya que estás extremadamente hambriento. Después de que tus anfitriones te traen comida, come y haz una cara agria. Entonces, dile a tu compañero que no pueden permanecer allí por más tiempo, porque la comida es tan mala que cree que vas a morir. Di adiós mientras te frotas el estómago como si tuvieras un dolor de estómago.
- Ve a la segunda casa, da una bendición, siéntate con ellos, y acepta pasar la noche. "Pretende" ir a dormir. Después de un tiempo, tu compañero te dice que no puede permanecer allí por más tiempo debido a que un hombre en la casa ronca muy fuerte. Tu compañero no consiguió conciliar el sueño toda la noche. Di adiós mientras te frotas los ojos.
- Ve a la tercera casa, da una bendición, siéntate con ellos y quédate un rato. Al día siguiente, dile a tu compañero que no puede quedarse allí más tiempo, ya que tanto chisme hace daño a los oídos. Despídete, y frótate los oídos.

- Ve a la última casa, da una bendición, siéntate con ellos y quédate un rato. Dile a todos que has oído que esta casa tiene hermosas hijas. Estás tratando de ayudar a tu amigo a encontrar una esposa. Di a los miembros del hogar las sorprendentes cualidades de tu compañero. Explícales estás seguro de que Dios quiere que tu compañero se case con una de sus hermosas hijas.

"Si tratamos de compartir el evangelio en este pueblo, ¿qué pensarán los habitantes? Podrían pensar que no tenemos honor. Todo lo que importaba era lo que podían darnos. Seguir el plan de Jesús nos ayuda a evitar muchos errores como este."

- Escribe en la segunda columna de tu plan de Jesús, cómo vas a contribuir a la casa en la que te quedes. ¿En qué formas específicas puedes ser una bendición para ellos?

¿Cuál es el Tercer Paso en el Plan de Jesús?

–LUCAS 10:09–
SANEN A LOS ENFERMOS QUE ENCUENTREN ALLÍ Y DÍGANLES: "EL REINO DE DIOS YA ESTÁ CERCA DE USTEDES."

3. COMPARTE LAS BUENAS NUEVAS

SANA A LOS ENFERMOS (9)

"El ministerio de Jesús incluyó un ministerio tanto para las necesidades físicas como espirituales. Podemos llevar sanación a un pueblo o a un grupo de personas de muchas maneras, como

por ejemplo, haciendo desarrollo de la comunidad, mejorando el suministro de agua, llevando ayuda médica o dental, orando por los enfermos, y dando consejería."

- Escribe en la segunda columna de tu plan de Jesús una manera práctica para satisfacer las necesidades físicas de la comunidad a través de tu ministerio o misión.

    ✋ Curar a los enfermos
    Extiende los brazos como si estuvieras poniendo las manos sobre una persona que está enferma para su curación.

COMPARTE EL EVANGELIO (9)

"La segunda parte de compartir las buenas nuevas es compartir el evangelio."

- Revisa el Evangelio con la pulsera del Evangelio

"Las buenas nuevas sólo son buenas nuevas si la gente puede entenderlas en su contexto. Un aspecto importante de la proclamación del Evangelio es asegurarse de que tenga sentido para aquellos que lo escuchan."

   ✋ Compartir el Evangelio
   Las manos alrededor de la boca como si estuvieras sosteniendo un megáfono.

- Enseñe los principios de la tercera etapa de la estrategia de Jesús mediante la realización de la siguiente dramatización:

✥ El Pájaro de Dos Alas ✥

"Jesús dijo que sanemos a los enfermos y prediquemos el evangelio. Son como las dos alas de un pájaro. ¡Necesitas de ambas para volar!"

- Pide por un voluntario. Explica que el voluntario es un evangelista talentoso y que trabajas mejor curando a los enfermos.
- Pide al voluntario para sostenga ambos brazos como si tuviera alas. Explica que su brazo derecho es fuerte en el evangelismo, pero su brazo izquierdo es más débil (pídele que su brazo izquierdo sea más pequeño que su brazo derecho).
- Levanta ambos brazos como si tuviera alas. Explica que tu brazo izquierdo es fuerte en la curación de los enfermos, pero tu brazo derecho es más débil. Eres débil al compartir el evangelio. Pide al voluntario que vuele con ambas alas, la fuerte y la débil. Haz lo mismo. (Ambos deben girar en círculos)

"¿Podrían los resultados ser diferente si decidimos trabajar juntos?"

- Une tu brazo "débil" (evangelismo) al brazo "débil" del voluntario (sanando a los enfermos).

"Cuando juntamos nuestras fortalezas y trabajamos codo a codo, podemos volar".

- El voluntario y tú, aletean sus brazos "fuertes" y "vuelan" alrededor de la habitación.

¿Cuál es el Cuarto Paso en el Plan de Jesús?

– LUCAS 10:10-11–
PERO CUANDO ENTREN EN UN PUEBLO DONDE NO LOS RECIBAN, SALGAN A LAS PLAZAS Y DIGAN: 11 „AUN EL POLVO DE ESTE PUEBLO, QUE SE NOS HA PEGADO A LOS PIES, NOS LO SACUDIMOS EN PROTESTA CONTRA USTEDES. PERO TENGAN POR SEGURO QUE YA ESTÁ CERCA EL REINO DE DIOS.

4. Evalúa Los Resultados Y Realiza Ajustes

EVALÚA CÓMO RESPONDEN (10, 11)

"Una clave para el éxito a largo plazo en cualquier misión es la capacidad de evaluación. En este paso, Jesús nos dice que analicemos la manera en que la gente está respondiendo y hacer las correcciones necesarias a nuestros planes.

A veces la gente no responde porque no entiende nuestro mensaje y tenemos que hacerlo más claro. Otras veces las personas no responden porque tienen pecado en sus vidas, por lo que debemos compartir el perdón de Dios con ellos. Y otros no son receptivos a causa de experiencias negativas en su pasado y debemos amarlos como parte de la familia de Dios. Sin embargo, llegará un momento cuando tengamos que evaluar la apertura de la gente con quien estemos trabajando y ajustar nuestro plan en consecuencia.

Un paso clave en el plan de Jesús es decidir antes de empezar cómo vamos a evaluar los resultados."

- Escribe en la segunda columna de tu plan de Jesús como debería lucir el "éxito" en esta misión o ministerio ¿Cómo evaluarías su respuesta?

    ✋ **Evalúa los resultados**
    Pon las palmas de tus manos hacia afuera, como si fueran una balanza. Mueva las manos hacia arriba y hacia abajo con una mirada curiosa en tu cara.

PARTE SI NO RESPONDEN (11)

"El último principio en el plan de Jesús es difícil para muchas personas. Debemos abandonar el lugar donde estamos ministrando si las personas no responden. Muchas veces, seguimos creyendo que algo va a cambiar. Seguimos esperando cuando será la hora de avanzar."

"Una parte estratégica del trabajo de misiones es determinar cuándo es el momento de avanzar. Algunos quieren partir demasiado rápido, otros con demasiada lentitud. Dejar las amistades nunca es fácil, pero es importante recordar que Jesús nos mandó a avanzar si la gente no está respondiendo."

¿Cuánto tiempo debes invertir en la gente antes de decidir que no van a responder: un día, un mes o un año? Cada ministerio es diferente. La realidad es que muchas personas permanecen demasiado tiempo en un lugar y pierden la bendición de Dios en otro lugar porque no fueron obedientes a los principios establecidos en el Plan de Jesús."

- Escribe en la segunda columna de tu plan de Jesús, cuánto tiempo piensas que tendrás que quedarte para llevar a cabo la misión que Dios te ha dado. Si este grupo de personas no responde al evangelio, ¿dónde empezarías de nuevo?

✋ Parte si no hay resultados
Di adiós.

Versículo de Memoria

–LUCAS 10:09–
SANEN A LOS ENFERMOS QUE ENCUENTREN ALLÍ Y DÍGANLES: "EL REINO DE DIOS YA ESTÁ CERCA DE USTEDES."

- Todo el mundo se para y repite el versículo diez veces juntos. Las primeros seis ocasiones pueden usar su Biblia o sus anotaciones. Las últimas cuatro veces, repiten el versículo de memoria. Digan la cita bíblica antes de repetir el versículo cada vez, y tomen asiento cuando hayan terminado.
- Seguir esta rutina ayudará a los entrenadores saber que los equipos han terminado la lección en la sección "práctica".

Práctica

- Divide a los líderes en grupos de cuatro. Pídeles que usen el proceso de entrenamiento con la lección de liderazgo.
- Conduce a los líderes a través del proceso formativo, paso a paso, dándoles 7-8 minutos para discutir cada una de las siguientes secciones.

PROGRESO

"¿Qué parte de estos pasos son los más fáciles de obedecer para tu grupo?"

PROBLEMAS

"¿Qué parte de estos pasos son los más difíciles de obedecer para tu grupo?"

PLANES

"¿Qué tarea vas a realizar con tu grupo en los próximos 30 días para obedecer estos pasos del plan de Jesús?"

- Los líderes deben registrar cada uno de los planes para que puedan orar por sus compañeros más tarde.

PRÁCTICA

"¿Qué es una tarea que va a mejorar en su grupo en los próximos 30 días para obedecer a los siguientes pasos del plan de Jesús?"

- Todo el mundo registra las tareas de sus compañeros para que puedan orar por ellos más tarde.
- Los líderes se ponen de pie y repiten el versículo de memoria diez veces juntos después de que todo el mundo ha compartido la habilidad que practicará.

ORACIÓN

- Pasa tiempo orando por cada uno de los planes. Ora para que Dios siga ayudando a los grupos a que avancen y que fortalezca sus áreas débiles.

Fin

Mi Plan de Jesús

- Pide a los líderes que vayan a la parte posterior de su guía del participante, a la página "El Plan de Jesús".

"Utilizando las anotaciones de esta sesión, completa la segunda y tercera columna de tu Plan de Jesús. Estas columnas indican quienes son nuestro pueblo de paz, y cómo vamos a ministrarlos. Escribe los detalles específicos sobre cómo vas a seguir los principios de Jesús para el ministerio en Lucas 10."

9

Multiplica los Grupos

Las iglesias saludables que se multiplican son el resultado de crecer fuerte en Dios, compartir el Evangelio, hacer discípulos, iniciar grupos y capacitar a los líderes. Sin embargo, la mayoría de los líderes no han fundado una iglesia, y no saben cómo hacerlo. "Multiplica los Grupos" presenta los puntos en los que debemos centrarnos cuando iniciemos grupos que llevaran a la fundación de iglesias. En el libro de Hechos, Jesús nos manda a formar grupos en cuatro áreas diferentes. Él nos dice que iniciemos grupos en la ciudad y en la región donde vivimos. Luego, Jesús dice que contactemos nuevas comunidades en una región vecina y a un grupo étnico diferente del lugar donde vivimos. Finalmente, Jesús nos manda a ir a lugares lejanos y llegar a todos los grupos étnicos del mundo. Los entrenadores animan a los líderes a adoptar el corazón de Jesús para todos los pueblos y hacer planes para llegar a sus Jerusalén, Judea, Samaria y a los confines del mundo. Los líderes deben agregar estos compromisos a sus respectivos "Planes de Jesús".

El libro de los Hechos describe también el trabajo de cuatro clases diferentes de fundadores de grupo. Pedro, un pastor, ayudó a iniciar un grupo en la casa de Cornelio. Pablo, un laico, viajó a a lo largo del Imperio Romano fundando grupos. Priscila y Aquila, empleados por cuenta propia, fundaron donde sea que su negocio los llevó. Los "perseguidos" en Hechos 8 fueron dispersos y fundaron grupos donde sea que fueron. En esta lección, los líderes identifican posibles fundadores de grupos en su círculo de influencia y los añaden a sus "Plan de Jesús". La sesión termina haciendo frente a la suposición de que para fundar iglesias se necesita una gran cuenta bancaria. La mayoría de las iglesias se inician en hogares gastando un poco más de una Biblia.

Alabanzas

- Canten juntos dos canciones de adoración. Pide a un líder que ore por esta sesión.

Progreso

- Pide a otro líder en el seminario que comparta un breve testimonio (tres minutos) de cómo Dios está bendiciendo a su grupo. Después del testimonio del líder pide al grupo que oren por él o ella.
- Alternativamente, prepare un tiempo de entrenamiento con un líder usando el modelo de capacitación de líderes "Progresos, Problemas, Plan, Práctica, Oración".

Problema

"Liderar un grupo o iglesia existente no es fácil. La idea de fundar otro grupo o iglesia podría parecer imposible. Las iglesias luchar se esfuerzan en encontrar la mejor forma de manejar limitados recursos en forma de dinero, tiempo y personas. Jesús conoce nuestras necesidades de gestión, aun así nos manda a fundar nuevas iglesias.

Otro problema que enfrentamos al iniciar grupos o iglesias es el hecho de que la mayoría de los creyentes nunca han iniciado un grupo o iglesia. Pastores, líderes, empresarios y miembros de la iglesia tienen una imagen mental de lo que se necesita para fundar una iglesia "verdadera". A menudo esto se traduce en las iglesias recién fundadas se vean exactamente igual que la iglesia madre, sin embargo esto casi garantiza que la nueva iglesia fracasará."

Plan

"¿Te acuerdas de cuando hablamos de cómo pasar de 5.000 a 40.000 creyentes? La clave para este crecimiento es cada creyente inicie un nuevo grupo. En esta lección aprenderemos las cuatro áreas en donde debemos fundar los grupos. Luego, vamos a identificar cuatro tipos de personas que fundaron grupos en el libro de los Hechos."

Resumen

Bienvenida
¿Quién Construye la Iglesia?
¿Por Qué es tan Importante?
¿Cómo Construye Jesús Su Iglesia?

Sé Fuerte en Dios 🖐
Comparte el Evangelio 🖐
Haz Discípulos 🖐
Inicia Grupos y de las Iglesias 🖐
Desarrolla líderes 🖐

> –I Corintios 11:1–Imítenme a mí, como yo imito a Cristo. (NVI)

Entrenar como Jesús
¿Cómo Entrenó Jesús a los Líderes?
   Progreso 🖐
   Problemas 🖐
   Planes 🖐
   Práctica 🖐
   Oración 🖐

> –Lucas 6:40–El discípulo no está por encima de su maestro, pero todo el que haya completado su aprendizaje, a lo sumo llega al nivel de su maestro. (NVI)

Liderar como Jesús
¿Quién Dijo Jesús que Era el Líder más Grande? 🖐
¿Cuáles Son las Siete Cualidades de un Gran Líder?
   1. Los Grandes Líderes Aman a la Gente 🖐
   2. Los Grandes Líderes Conocen su Misión 🖐
   3. Los Grandes Líderes Sirven a sus Seguidores 🖐
   4. Los Grandes Líderes Corrigen sin Dureza 🖐
   5. Los Grandes Líderes Conocen los Problemas Actuales en el Grupo 🖐
   6. Los Grandes Líderes Dan un Buen Ejemplo a Seguir 🖐
   7. Los Grandes Líderes Saben que son Bendecidos 🖐

–Juan 13:14-15–Pues si yo, el Señor y el Maestro, les he lavado los pies, también ustedes deben lavarse los pies los unos a los otros. Les he puesto el ejemplo, para que hagan lo mismo que yo he hecho con ustedes.

Crecer Fuerte
¿Cuál Personalidad le ha dado Dios?
- Soldado ✋
- Buscador ✋
- Pastor ✋
- Sembrador ✋
- Hijo / Hija ✋
- Santo ✋
- Sirviente ✋
- Mayordomo ✋

¿Cuál Tipo de Personalidad Dios le Gusta Más?
¿Cuál Tipo de Personalidad hace al Mejor Líder?

–Romanos 12:4-5–Pues así como cada uno de nosotros tiene un solo cuerpo con muchos miembros, y no todos estos miembros desempeñan la misma función, también nosotros, siendo muchos, formamos un solo cuerpo en Cristo, y cada miembro está unido a todos los demás.

Más Fuertes Juntos
¿Por Qué hay Ocho Tipos de Personas en el Mundo?
¿A Quién se Parece Jesús?
- Soldado ✋
- Buscador ✋
- Pastor ✋
- Sembrador ✋
- Hijo / Hija ✋
- Salvador / Santo ✋

Sirviente 🖐
Mayordomo 🖐
¿Cuáles Son las Tres Opciones que Tenemos Cuando el Conflicto se Produce?
Huir 🖐
Luchar el uno contra el otro 🖐
Encontrar un camino, con el Espíritu de Dios, para trabajar juntos 🖐

–Gálatas 2:20–He sido crucificado con Cristo, y ya no vivo yo sino que Cristo vive en mí. Lo que ahora vivo en el cuerpo, lo vivo por la fe en el Hijo de Dios, quien me amó y dio su vida por mí; (NVI)

Comparte el Evangelio
¿Cómo puedo compartir el Evangelio de manera sencilla?
Perla de oro
Perla azul
Perla verde
Perla negra
Perla blanca
Perla roja
¿Por qué necesitamos la ayuda de Jesús?
Nadie es lo suficientemente inteligente como para retornar a Dios. 🖐
Nadie puede dar lo suficiente como para retornar a Dios. 🖐
Nadie es lo suficientemente fuerte como para retornar a Dios. 🖐
Nadie es lo suficientemente bueno como para retornar a Dios. 🖐

–Juan 14:6–Yo soy el camino, la verdad y la vida —le contestó Jesús—. Nadie llega al Padre sino por mí.

Haz Discípulos
   ¿Cuál es el Primer Paso del Plan de Jesús?
      Preparen Sus Corazones 🖐
         Ir en Pareja 🖐
         Ir Donde Jesús está Trabajando 🖐
         Ore por los Líderes Antes de la Cosecha 🖐
         Ir con Humildad 🖐
         Confíe en Dios, no en el Dinero 🖐
         Ir directamente donde Él te está Llamando 🖐

      –Lucas 10:2–"Es abundante la cosecha —les dijo—, pero son pocos los obreros. Pídanle, por tanto, al Señor de la cosecha que mande obreros a su campo."

Inicia Grupos
   ¿Cuál es el segundo paso en el plan de Jesús?
      Desarrollar amistades 🖐
         Busca una persona de Paz
         Come y bebe lo que te dan
         No te muevas de casa en casa
   ¿Cuál es el tercer paso en el plan de Jesús?
      Comparte las Buenas Nuevas 🖐
         Sana a los enfermos
         Proclama el Evangelio
   ¿Cuál es el cuarto paso en el plan de Jesús?
      Evalúa los resultados y realiza ajustes 🖐
         Evalúa cómo responden
         Parte si no responden

      –Lucas 10:09–Sanen a los enfermos que encuentren allí y díganles: 'El reino de Dios ya está cerca de ustedes.

¿Cuáles son los cuatro lugares donde Jesús manda a los creyentes a iniciar grupos?

–Hechos 1:8–
Pero cuando venga el Espíritu Santo sobre ustedes, recibirán poder y serán mis testigos tanto en Jerusalén como en toda Judea y Samaria, y hasta los confines de la tierra.

1. **Jerusalem**

   "Jesús les dijo a los discípulos que inicien grupos en la misma ciudad donde vivían y entre los del mismo grupo étnico. Al seguir su ejemplo, debemos iniciar nuevos grupos e iglesias en las ciudades donde vivimos."

   - En la tercera columna de su plan de Jesús, escribe el nombre de un lugar en la ciudad donde vives que necesite un nuevo grupo o iglesia. Escribe una breve descripción acerca de cómo esto va a suceder.

2. **Judea**

   "En segundo lugar, Jesús dijo a sus discípulos que inicien grupos en la misma región donde vivían. Jerusalén consistía en un entorno urbano, mientras que Judea era una zona rural de Israel. Las personas que vivían en Judea eran del mismo grupo étnico que los discípulos. Siguiendo el mandato de Jesús, fundaremos nuevos grupos e iglesias en las zonas rurales en las que vivimos."

   - En la tercera columna de tu plan de Jesús, escribe el nombre de un lugar en la misma región en que vives, que necesite un nuevo grupo o iglesia. Escribe una breve descripción acerca de cómo esto se llevará a cabo.

3. **Samaria**

    "En tercer lugar, Jesús mandó a los discípulos que inicien grupos en una ciudad diferente, con un grupo étnico diferente. El pueblo judío despreciaba a las personas que vivían en Samaria. A pesar de sus prejuicios, Jesús convocó a los discípulos para que compartan las buenas nuevas y funden grupos e iglesias entre los samaritanos. Siguiendo el mandato de Jesús fundaremos grupos o iglesias en las ciudades cercanas, con un grupo étnico diferente."

    - En la tercera columna de su plan de Jesús, escribe el nombre de un lugar en una ciudad diferente a la tuya, con un grupo étnico diferente al tuyo, que necesite un nuevo grupo o iglesia. Escribe una breve descripción acerca de cómo esto se llevará a cabo.

4. **Hasta los últimos**

    "Por último, Jesús comisionó a sus discípulos a que inicien grupos en todo el mundo y entre todos los diferentes grupos étnicos de la tierra. Obedecer este mandamiento normalmente requiere el aprender un nuevo idioma y una nueva cultura. Obedecemos esta comisión cuando enviamos misioneros de nuestra iglesia para fundar nuevos grupos e iglesias en el extranjero."

    - En la tercera columna de tu plan de Jesús, escribe el nombre de un lugar en una región diferente, con un grupo étnico diferente que necesite un nuevo grupo o iglesia. Escribe una breve descripción acerca de cómo esto se llevará a cabo.

¿Cuáles son las cuatro formas de iniciar un grupo o iglesia?

1. **Pedro**

   −Hechos 10:09−
   Al día siguiente, mientras ellos iban de camino y se acercaban a la ciudad, Pedro subió a la azotea a orar. Era casi el mediodía. (NVI)

   "Pedro fue pastor de la iglesia en Jerusalén. Cornelio le pidió que fuera a Jope para compartir las buenas nuevas de Jesucristo. Cuando Pedro compartió con la casa de Cornelio, todo el mundo recibió a Cristo, regresaron a la familia de Dios e iniciaron un nuevo grupo.

   Una manera de iniciar nuevos grupos o iglesias para un pastor de una iglesia existente, es ir en un viaje misionero a corto plazo y ayudar a iniciar un nuevo grupo o iglesia. Este tipo de plantación de iglesias por lo general requiere de una a tres semanas."

   - En la cuarta columna de su plan de Jesús, escribe el nombre de un pastor que conozcas que pueda ayudarte a iniciar un nuevo grupo o iglesia. Escribe una breve descripción acerca de cómo esto se llevará a cabo.

2. **Pablo**

   −Hechos 13:2−
   Mientras ayunaban y participaban en el culto al Señor, el Espíritu Santo dijo: «Apártenme ahora a Bernabé y a Saulo para el trabajo al que los he llamado.» (NVI)

"Pablo y Bernabé fueron los líderes en la iglesia de Antioquía. Dios les habló durante un tiempo de adoración y los comisionó para ir a las zonas no alcanzadas y compartir el evangelio. En obediencia, iniciaron grupos e iglesias en todo el Imperio Romano.

La segunda manera de fundar grupos o iglesias es enviar líderes a otras ciudades y regiones para que compartan el evangelio. Estos misioneros se reúnen con los nuevos creyentes y fundan nuevos grupos o iglesias. Esta misión por lo general requiere de uno a tres meses."

- En la cuarta columna de tu plan de Jesús, escribe el nombre de líderes de la iglesia que conoces que puedan ayudarte a iniciar un nuevo grupo o iglesia. Escribe una breve descripción acerca de cómo esto se llevará a cabo.

3. **Priscila y Aquila**

    –I Corintios 16:19–
    Las iglesias de la provincia de Asia les mandan saludos. Aquila y Priscila los saludan cordialmente en el Señor, como también la iglesia que se reúne en la casa de ellos.

"Priscila y Aquila eran hombres de negocios en la iglesia primitiva. Iniciaban un grupo o iglesia dondequiera que vivían y trabajaban. Cuando su negocio se trasladaba, fundaban un nuevo grupo o iglesia en su nueva ubicación.

La tercera manera de fundar nuevos grupos o iglesias cristianas es que los empresarios funden grupos que se convierten en iglesias entre su clientela. Si un empresario cristiano se traslada a un área donde no existe una iglesia, que funde un grupo. Esta misión por lo general requiere de uno a tres años."

- En la cuarta columna de tu plan de Jesús, escribe el nombre de los empresarios que conoces que podrían ayudarte a iniciar un nuevo grupo o iglesia. Escribe una breve descripción acerca de cómo esto se llevará a cabo.

4. **Perseguidos**

   –HECHOS 8:1–
   Y SAULO ESTABA ALLÍ, APROBANDO LA MUERTE DE ESTEBAN. AQUEL DÍA SE DESATÓ UNA GRAN PERSECUCIÓN CONTRA LA IGLESIA EN JERUSALÉN, Y TODOS, EXCEPTO LOS APÓSTOLES, SE DISPERSARON POR LAS REGIONES DE JUDEA Y SAMARIA. (NVI)

"El último grupo de personas que fundaron grupos e iglesias en el libro de Hechos fueron creyentes perseguidos. Muchos creyentes huyeron de Jerusalén cuando Saúl comenzó violentamente a perseguir a la Iglesia. Se fundaron grupos e iglesias en toda Judea y Samaria. Sabemos que esto es cierto, porque los apóstoles visitaron más tarde las iglesias ya establecidas en esas zonas.

La última forma de fundar nuevos grupos e iglesias es con los creyentes perseguidos que deben desplazarse a otra ciudad. Si no hay ningún grupo o iglesia existente, los creyentes recién llegados iniciarán una. Fundar un grupo o iglesia no requiere de un título de seminarista, sólo amor por Jesús y un corazón que quiera obedecer sus mandamientos."

- En la cuarta columna de tu plan de Jesús, escribe el nombre de personas desplazadas que conozcas que puede ayudarte a iniciar un nuevo grupo o iglesia. Escribe una breve descripción acerca de cómo esto se llevará a cabo.

Versículo de Memoria

–HECHOS 1:8–
PERO CUANDO VENGA EL ESPÍRITU SANTO SOBRE USTEDES, RECIBIRÁN PODER Y SERÁN MIS TESTIGOS TANTO EN JERUSALÉN COMO EN TODA JUDEA Y SAMARIA, Y HASTA LOS CONFINES DE LA TIERRA.

- Todo el mundo se para y repite el versículo diez veces juntos. Las primeros seis ocasiones pueden usar su Biblia o sus anotaciones. Las últimas cuatro veces, repiten el versículo de memoria. Digan la cita bíblica antes de repetir el versículo cada vez, y tomen asiento cuando hayan terminado.
- Seguir esta rutina ayudará a los entrenadores saber que los equipos han terminado la lección en la sección "práctica".

PRÁCTICA

- Divide a los líderes en grupos de cuatro. Pídeles que usen el proceso de formación con la lección de liderazgo.
- Conduce a los líderes a través del proceso formativo, paso a paso, dándoles 7-8 minutos para discutir cada una de las siguientes secciones.

PROGRESO

"Comparte el progreso que has hecho fundando grupos o iglesias en cuatro lugares diferentes, con cuatro diferentes iniciadores de grupo."

PROBLEMAS

"Comparte los problemas que estás teniendo fundando grupos o iglesias en cuatro lugares diferentes, con cuatro diferentes iniciadores de grupo."

PLANES

"Compartir dos tareas que se llevan a su grupo a hacer en los próximos 30 días que les ayuden a iniciar un nuevo grupo o iglesia."

- Todo el mundo registra los planes del otro, para que puedan orar por sus compañeros más tarde.

PRÁCTICA

"Comparte una tarea que vas a realizar en los próximos 30 días para mejorar como líder en esta área."

- Todo el mundo registra las tareas de sus compañeros para que puedan orar por ellos más tarde.
- Los líderes se ponen de pie y repiten juntos el versículo de memoria diez veces, después de que todo el mundo haya compartido la habilidad que practicarán.

ORACIÓN

- Pasa tiempo orando por cada uno de los planes y habilidad que se practicarán en los próximos 30 días para mejorar como líder.

FIN

¿Cuánto cuesta iniciar una nueva iglesia?

"¿Qué se necesita para fundar una nueva iglesia? Hagamos una lista."

- Escribe una lista en la pizarra según las respuestas de los estudiantes. Permite la discusión y el debate. Por ejemplo, si alguien dice "un edificio", pregunta al resto de los alumnos si un edificio es necesario para fundar una iglesia.

"Ahora que tenemos una lista de los elementos que se necesita para iniciar una iglesia, asignemos un precio a cada elemento."

- Nombra cada elemento de la lista pidiendo a los estudiantes que estimen el costo de cada uno. Anima a los estudiantes a discutir y acordar un costo para cada elemento. Normalmente, el grupo decidirá que no cuesta nada fundar una nueva iglesia, o tan sólo lo necesario para comprar una Biblia.

"El propósito de este ejercicio es hacer frente a un error común en la planificación para la fundación de iglesias. La gente asume que se necesita mucho dinero para iniciar una iglesia. Sin embargo, la mayoría de las iglesias comienzan en los hogares y no cuestan mucho dinero. Incluso las grandes mega-iglesias de hoy en día

normalmente se iniciaron en casas. La fe, la esperanza y el amor son los únicos elementos esenciales para fundar una iglesia, no una gran cuenta bancaria."

Mi Plan de Jesús

- Pide a los líderes que busquen en la parte de atrás la página "El Plan de Jesús", en su guía del participante.

  "Vamos a presentar nuestros planes de Jesús entre nosotros en la próxima sesión. Tómate unos minutos para completar el plan de Jesús y piensa en cómo vas a presentar tu plan al grupo. Cuando termines, pasa un tiempo en oración pidiendo la bendición de Dios en el próximo período de sesiones."

OTRA PREGUNTA COMÚN

¿Cómo se trabaja con personas analfabetas en las sesiones de entrenamiento?

El *Entrenamiento Siguiendo a Jesús* utiliza varias ayudas didácticas que asisten a las personas alfabetizadas y no alfabetizadas a recordar lo que han aprendido. En nuestra experiencia, ambos grupos disfrutan y se benefician por igual de la formación. Se hace hincapié en los movimientos de las manos cuando se entrena a personas analfabetas. En algunas culturas asiáticas, las mujeres no reciben educación más allá del tercer grado. Después que entrenamos a un grupo de mujeres de esta cultura, se acercaron con lágrimas en los ojos. "Gracias", dijeron, "los movimientos de las manos nos ayudaron a aprender y ahora podemos seguir a Jesús."

Incluso en un entorno de analfabetos, generalmente una persona puede leer en el grupo. Usualmente, le pedimos a esta persona que lea las Escrituras en voz alta para todo el grupo. A veces le pedimos al lector que repita las escrituras 2 o 3 veces para asegurarse de que el grupo entienda. Si sabemos de antemano que el grupo está compuesto principalmente por personas analfabetas, haga las gestiones para producir un video o grabación de audio de cada sesión.

La televisión y la radio influyen en gran medida en las personas analfabetas, incluso en las aldeas lejanas. No cometa el error de pensar que tienes que enseñar la lección varias veces para los alumnos analfabetos. Si los alumnos no entienden la lección la primera vez, repase la lección por segunda vez, y luego deje una grabación o video para que lo revisen cuando no esté allí. La mayoría de los lugares tienen por lo menos un reproductor público de DVD o VCD disponible. Los reproductores de MP3 son fácilmente accesibles y pueden funcionar con baterías.

Dios seguirá bendiciendo a muchos alumnos después de haber dejado las grabaciones de vídeo y de audio. Si produces un video o grabación de audio, por favor envíe una copia a *lanfam@ FollowJesusTraining.com.*

10

Sigue a Jesús

Los líderes han aprendido en *Entrenando Líderes Radicales* quién edifica la Iglesia y por qué eso es importante. Ellos han dominado las cinco partes de la estrategia de Jesús para alcanzar al mundo y han practicado el entrenamiento entre sí. Ellos entienden las siete cualidades de un gran líder, han desarrollado un "árbol de entrenamiento" para el futuro, y saben cómo trabajar con diferentes personalidades. Cada líder tiene un plan basado en el plan de Jesús de Lucas 10. El capítulo "Sigue a Jesús" trata sobre la parte del liderazgo restante: la motivación.

Hace dos mil años, las personas seguían a Jesús por varias razones. Algunos, como Santiago y Juan, creían que seguir a Jesús les traería fama. Otros, como los fariseos, lo seguían para criticarlo y mostrar su superioridad. Y otros, como Judas, seguían a Jesús por dinero. Una multitud de cinco mil quería seguir a Jesús, porque Él siempre les daba los alimentos que necesitaban. Otro grupo siguió a Jesús porque necesitaban de curación, y sólo una persona regresó a darle las gracias. Tristemente, muchas personas egoístas siguieron a Jesús por lo que ÉL podría darles. Hoy no es diferente.

Como líderes, debemos examinarnos y preguntarnos: "¿Por qué estoy siguiendo a Jesús?"

Jesús alabó a las personas que lo habían seguido con un corazón de amor. El regalo extravagante de perfume de una mujer despreciada llevó la promesa de memoria donde sea que se predicó el evangelio. La ofrenda de una viuda tocó el corazón de Jesús más que todo el oro del templo. Jesús se decepcionó cuando un joven prometedor se negó a amar a Dios con todo su corazón, eligiendo sus riquezas en su lugar. Asimismo, Jesús sólo hizo una pregunta a Pedro para restaurarlo después de su traición: "Simón, ¿me amas?". Los líderes espirituales aman a la gente y aman a Dios.

La sesión termina con cada líder compartiendo su "Plan de Jesús". Los líderes oran por sus compañeros, se comprometen a trabajar juntos y a entrenar nuevos líderes para el amor y la gloria de Dios.

Alabanzas

- Canten dos canciones de adoración juntos. Pide a un líder que ore por esta sesión.

Progreso

Bienvenida
¿Quién Construye la Iglesia?
¿Por Qué es tan Importante?
¿Cómo Construye Jesús Su Iglesia?
Sé Fuerte en Dios 🤚
Comparte el Evangelio 🤚
Haz Discípulos 🤚
Inicia Grupos y de las Iglesias 🤚
Desarrolla líderes 🤚

–I Corintios 11:1–Imítenme a mí, como yo imito a Cristo. (NVI)

Entrenar como Jesús
¿Cómo Entrenó Jesús a los Líderes?
- Progreso
- Problemas
- Planes
- Práctica
- Oración

–Lucas 6:40–El discípulo no está por encima de su maestro, pero todo el que haya completado su aprendizaje, a lo sumo llega al nivel de su maestro. (NVI)

Liderar como Jesús
¿Quién Dijo Jesús que Era el Líder más Grande?
¿Cuáles Son las Siete Cualidades de un Gran Líder?
1. Los Grandes Líderes Aman a la Gente
2. Los Grandes Líderes Conocen su Misión
3. Los Grandes Líderes Sirven a sus Seguidores
4. Los Grandes Líderes Corrigen sin Dureza
5. Los Grandes Líderes Conocen los Problemas Actuales en el Grupo
6. Los Grandes Líderes Dan un Buen Ejemplo a Seguir
7. Los Grandes Líderes Saben que son Bendecidos

–Juan 13:14-15–Pues si yo, el Señor y el Maestro, les he lavado los pies, también ustedes deben lavarse los pies los unos a los otros. Les he puesto el ejemplo, para que hagan lo mismo que yo he hecho con ustedes.

Crecer Fuerte
    ¿Cuál Personalidad le ha dado Dios?
        Soldado
        Buscador
        Pastor
        Sembrador
        Hijo / Hija
        Santo
        Sirviente
        Mayordomo
    ¿Cuál Tipo de Personalidad Dios le Gusta Más?
    ¿Cuál Tipo de Personalidad hace al Mejor Líder?

> *–Romanos 12:4-5–Pues así como cada uno de nosotros tiene un solo cuerpo con muchos miembros, y no todos estos miembros desempeñan la misma función, también nosotros, siendo muchos, formamos un solo cuerpo en Cristo, y cada miembro está unido a todos los demás.*

Más Fuertes Juntos
    ¿Por Qué hay Ocho Tipos de Personas en el Mundo?
    ¿A Quién se Parece Jesús?
        Soldado
        Buscador
        Pastor
        Sembrador
        Hijo / Hija
        Salvador / Santo
        Sirviente
        Mayordomo v
    ¿Cuáles Son las Tres Opciones que Tenemos Cuando el Conflicto se Produce?
        Huir
        Luchar el uno contra el otro

Encontrar un camino, con el Espíritu de Dios, para trabajar juntos ✋

–Gálatas 2:20– *He sido crucificado con Cristo, y ya no vivo yo sino que Cristo vive en mí. Lo que ahora vivo en el cuerpo, lo vivo por la fe en el Hijo de Dios, quien me amó y dio su vida por mí; (NVI)*

Comparte el Evangelio
¿Cómo puedo compartir el Evangelio de manera sencilla?
- Perla de oro
- Perla azul
- Perla verde
- Perla negra
- Perla blanca
- Perla roja

¿Por qué necesitamos la ayuda de Jesús?
- Nadie es lo suficientemente inteligente como para retornar a Dios. ✋
- Nadie puede dar lo suficiente como para retornar a Dios. ✋
- Nadie es lo suficientemente fuerte como para retornar a Dios. ✋
- Nadie es lo suficientemente bueno como para retornar a Dios. ✋

–Juan 14:6– *Yo soy el camino, la verdad y la vida —le contestó Jesús—. Nadie llega al Padre sino por mí.*

Haz Discípulos
¿Cuál es el Primer Paso del Plan de Jesús?
- Preparen Sus Corazones ✋
- Ir en Pareja ✋
- Ir Donde Jesús está Trabajando ✋
- Ore por los Líderes Antes de la Cosecha ✋

Ir con Humildad 🖐
Confíe en Dios, no en el Dinero 🖐
Ir directamente donde Él te está Llamando 🖐

—Lucas 10:2–"Es abundante la cosecha —les dijo—, pero son pocos los obreros. Pídanle, por tanto, al Señor de la cosecha que mande obreros a su campo."

Inicia Grupos
¿Cuál es el segundo paso en el plan de Jesús?
Desarrollar amistades 🖐
Busca una persona de Paz
Come y bebe lo que te dan
No te muevas de casa en casa
¿Cuál es el tercer paso en el plan de Jesús?
Comparte las Buenas Nuevas 🖐
Sana a los enfermos
Proclama el Evangelio
¿Cuál es el cuarto paso en el plan de Jesús?
Evalúa los resultados y realiza ajustes 🖐
Evalúa cómo responden
Parte si no responden

—Lucas 10:09–Sanen a los enfermos que encuentren allí y díganles: 'El reino de Dios ya está cerca de ustedes.

Inicia Iglesias
¿Cuáles son los cuatro lugares donde Jesús manda a los creyentes a fundar iglesias?
Jerusalén
Judea
Samaria
Hasta los últimos

¿Cuáles son las cuatro formas de iniciar una iglesia?
    Pedro
    Pablo
    Priscila y Aquila
    Perseguidos
¿Cuánto cuesta iniciar una nueva iglesia?

> –Hechos 1:8– Pero cuando venga el Espíritu Santo sobre ustedes, recibirán poder y serán mis testigos tanto en Jerusalén como en toda Judea y Samaria, y hasta los confines de la tierra.

Plan

¿Por qué seguir a Jesús?

"Cuando Jesús caminó en esta tierra hace dos mil años, la gente lo siguió por diferentes razones.

La gente como Santiago y Juan creían que seguir a Jesús les traería fama."

> –Marcos 10:35-37–
> Se le acercaron Jacobo y Juan, hijos de Zebedeo. —Maestro —le dijeron—, queremos que nos concedas lo que te vamos a pedir. —¿Qué quieren que haga por ustedes? —Concédenos que en tu glorioso reino uno de nosotros se siente a tu derecha y el otro a tu izquierda. (NVI)

"La gente como los Fariseos seguían a Jesús para mostrar lo inteligentes que eran."

–Lucas 11:53-54–
Cuando Jesús salió de allí, los maestros de la ley y los fariseos, resentidos, se pusieron a acosarlo a preguntas. Estaban tendiéndole trampas para ver si fallaba en algo. (NVI)

"La gente como Judas siguió a Jesús por dinero."

–Juan 12:4-6–
Judas Iscariote, que era uno de sus discípulos y que más tarde lo traicionaría, objetó: — ¿Por qué no se vendió este perfume, que vale muchísimo dinero, para dárselo a los pobres? Dijo esto, no porque se interesara por los pobres sino porque era un ladrón y, como tenía a su cargo la bolsa del dinero, acostumbraba robarse lo que echaban en ella.(NVI)

"Las personas como las personas de la multitud de cinco mil seguían a Jesús por la comida."

–Juan 6:11-15–
Jesús tomó entonces los panes, dio gracias y distribuyó a los que estaban sentados todo lo que quisieron. Lo mismo hizo con los pescados. Una vez que quedaron satisfechos, dijo a sus discípulos: —Recojan los pedazos que sobraron, para que no se desperdicie nada. Así lo hicieron, y con los pedazos de los cinco panes de cebada que les sobraron a los que habían comido, llenaron doce canastas. Al ver la señal que Jesús había realizado, la gente comenzó a decir: «En verdad éste es el profeta, el que ha de venir al mundo.» Pero Jesús, dándose cuenta de que querían

LLEVÁRSELO A LA FUERZA Y DECLARARLO REY, SE RETIRÓ DE NUEVO A LA MONTAÑA ÉL SOLO.

"La gente como los diez leprosos siguieron a Jesús para sanarse."

–LUCAS 17:12-14–
CUANDO ESTABA POR ENTRAR EN UN PUEBLO, SALIERON A SU ENCUENTRO DIEZ HOMBRES ENFERMOS DE LEPRA. COMO SE HABÍAN QUEDADO A CIERTA DISTANCIA, GRITARON: —¡JESÚS, MAESTRO, TEN COMPASIÓN DE NOSOTROS! AL VERLOS, LES DIJO: — VAYAN A PRESENTARSE A LOS SACERDOTES. RESULTÓ QUE, MIENTRAS IBAN DE CAMINO, QUEDARON LIMPIOS. (NVI)

"Como puedes ver, mucha gente siguió a Jesús con un corazón egoísta. Se preocupaban poco por Jesús y más por lo que El les podría dar. Hoy en día no es diferente.

Como líderes, debemos examinarnos a nosotros mismos y preguntarnos: ¿Por qué estoy siguiendo a Jesús?

¿Estás siguiendo a Jesús para volverte famoso?"

"¿Estás siguiendo a Jesús para mostrar a la gente qué tan inteligente eres?

¿Estás siguiendo a Jesús por dinero?

¿Estás siguiéndolo para proporcionar alimentos a tu familia?

¿Estás siguiendo a Jesús con la esperanza de que ÉL te sanará?

La gente sigue a Jesús por muchas razones. Sin embargo, Dios sólo bendice a uno de los motivos. Jesús quiere que las personas lo sigan con un corazón de amor.

¿Te acuerdas de la mujer marginada y pecadora que derramó perfume caro sobre Jesús?"

–MATEO 26:13–
"LES ASEGURO QUE EN CUALQUIER PARTE DEL MUNDO DONDE SE PREDIQUE ESTE EVANGELIO, SE CONTARÁ TAMBIÉN, EN MEMORIA DE ESTA MUJER, LO QUE ELLA HIZO" (NVI)

"¿Te acuerdas de la pobre viuda? Su ofrenda conmovió el corazón de Jesús más que todas las riquezas del templo."

–LUCAS 21:03–
—LES ASEGURO —DIJO— QUE ESTA VIUDA POBRE HA ECHADO MÁS QUE TODOS LOS DEMÁS. (NVI)

"¿Te acuerdas de la pregunta que Jesús hizo a Pedro después de que él lo traicionó?"

–JUAN 21:17–
POR TERCERA VEZ JESÚS LE PREGUNTÓ: —SIMÓN, HIJO DE JUAN, ¿ME QUIERES? A PEDRO LE DOLIÓ QUE POR TERCERA VEZ JESÚS LE HUBIERA PREGUNTADO: «¿ME QUIERES?» ASÍ QUE LE DIJO: —SEÑOR, TÚ LO SABES TODO; TÚ SABES QUE TE QUIERO. —APACIENTA MIS OVEJAS —LE DIJO JESÚS—.

"Jesús preguntó a Pedro sobre el amor en su corazón porque esa es la cuestión fundamental para Jesús. ¿Lo estamos siguiendo porque lo amamos?

Seguimos a Jesús con un corazón de amor, porque Él nos amó primero. Crecemos fuertes en Dios porque amamos a Jesús. Compartimos el evangelio, porque amamos a Jesús. Hacemos discípulos, porque amamos a Jesús. Iniciamos grupos que se convierten en iglesias, porque amamos a Jesús. Formamos líderes espirituales, porque amamos a Jesús. Sólo la fe, la esperanza y el amor permanecerán cuando la tierra desaparezca. Sin embargo, el mayor de ellos es el amor."

Presentaciones Del Plan De Jesus

- Divide a los alumnos en grupos de ocho personas. Explica la siguiente presentación del programa a los líderes.
- Los líderes forman un círculo y se turnan para presentar sus "Planes de Jesús" al grupo. Después de la presentación, los otros líderes ponen las manos sobre el "Plan de Jesús" y oran por el poder de Dios y su bendición. Los líderes oran en voz alta, al mismo tiempo, por el líder que presentó su plan.
- Uno de los líderes cierra el tiempo de oración, como lo mande el Espíritu. En ese momento, la persona que presenta su "Plan de Jesús" lo acerca a su corazón y el grupo dice: "Toma tu cruz y sigue a Jesús" tres veces al unísono.
- Repite los pasos descritos anteriormente hasta que cada líder haya presentado su "Plan de Jesús".
- Después de que todo el mundo presente su plan, los líderes se unen a cualquier grupo que no ha terminado. Finalmente, cada grupo se ha unido a otro hasta que sólo existe un grupo grande.
- Termina el tiempo de entrenamiento cantando una canción de adoración y dedicación que sea significativa para los alumnos en el grupo.

Parte 3

RECURSOS

Estudio Adicional

Consideramos que los siguientes autores son muy útiles en la formación de líderes radicales. El primer libro para traducir en la obra misionera es la Biblia. Posteriormente, se recomienda traducir estos siete libros para una base sólida en el desarrollo de un liderazgo efectivo:

Blanchard, Ken and Hodges, Phil. *Lead like Jesus: Lessons from the Greatest Role Model of all Time.* Thomas Nelson, 2006.

Clinton, J. Robert. *The Making of a Leader.* NavPress Publishing Group, 1988.

Coleman, Robert E. *The Masterplan of Evangelism.* Fleming H. Revell, 1970.

Hettinga, Jan D. *Follow Me: Experiencing the Loving Leadership of Jesus.* Navpress, 1996.

Maxwell, John C. *Developing the Leader Within You.* Thomas Nelson Publishers, 1993.

Ogne, Steven L. and Nebel, Thomas P. *Empowering Leaders through Coaching.* Churchsmart Resources, 1995.

Sanders, J. Oswald. *Spiritual Leadership: Principles of Excellence for Every Believer.* Moody Publishers, 2007.

Apéndice A

Preguntas Más Frecuentes

¿Qué debo hacer si no puedo completar la lección en una hora y media?

Recuerda que el proceso y el contenido son igualmente importantes. Seguir el proceso genera confianza. Un contenido de calidad trae consigo educación. Tanto el proceso de transformación como la calidad del contenido producen transformación. El error más común que hemos notado al formar a otros es dar demasiado contenido sin el tiempo suficiente para la práctica.

La mayoría de las lecciones del *Entrenamiento Siguiendo a Jesús* tienen un descanso general a la mitad de la lección. Si te das cuenta que no cuentas con el tiempo suficiente para completar la lección, enseña la primera mitad de la lección siguiendo el proceso de capacitación, y realiza el resto de la lección la próxima vez que se encuentren. Dependiendo del nivel de educación de las personas que estás entrenando, puedes decidir seguir este programa todo el tiempo.

Nuestro objetivo es ayudar a los estudiantes adultos que entrelacen el estilo de liderazgo de Jesús en cada parte de sus vidas. Para eso se necesita tiempo y paciencia, pero bien vale la pena la inversión.

Apéndice A

¿Cómo luce un movimiento de liderazgo?

Dios se está moviendo de manera significativa en todas las naciones. En la actualidad, los investigadores han documentado más de 80 movimientos de personas. Si compartir el Evangelio conduce el "motor" de estos movimientos, entonces, las "ruedas" son el desarrollo del liderazgo. De hecho, a menudo es difícil diferenciar entre liderazgo, discipulado o movimientos de plantación de iglesias. Sea cual sea el nombre, todos ellos comparten una cualidad: hombres, mujeres, jóvenes y niños siendo como Cristo en sus esferas de influencia, el más grande líder de todos los tiempos.

Las cadenas de liderazgo caracterizan un movimiento de liderazgo. Pequeños grupos de hombres y mujeres se reúnen para rendir cuentas, entrenarse y aprender. Pablo habló acerca de este tipo de cadenas en 2 Timoteo 2:2. El líder recibe su entrenamiento de un grupo y entrena a otro grupo. Las cadenas de liderazgo se amplían continuamente a la sexta o séptima generación en los movimientos plenamente desarrollados. Cualquier organización, ministerio o grupo de personas puede llegar hasta donde sus líderes puedan llegar. Por lo tanto, el liderazgo debe ser cultivado intencionalmente ya que los líderes no nacen. Los líderes tienen que aprender a liderar.

En un movimiento de liderazgo, los adolescentes aprenden acerca de las herramientas de liderazgo, la visión, el propósito, la misión y los objetivos. Hombres y mujeres a sus veinte años empiezan a aplicar estas herramientas en sus negocios y en sus vidas en general. A los treinta años de edad se centran en las herramientas de ministerios o negocios específicos. Cuando alguien está en sus cuarenta años, empieza a ver el fruto de haber aplicado las herramientas de liderazgo con perseverancia. Las personas en sus cincuenta años, que han seguido el estilo de liderazgo de Jesús durante mucho tiempo, sirven de modelo a las generaciones más jóvenes. Por lo general, las personas de sesenta años pueden entrenar como líderes a muchos hombres y mujeres jóvenes. Los santos en sus setenta dejan un legado de fidelidad y fecundidad, incluso en su vejez.

¿De qué manera ha cambiado con el tiempo el papel de un misionero en el extranjero?

Cada esfuerzo de una misión tiene cuatro fases: descubrimiento, desarrollo, implementación y delegación. Cada fase tiene objetivos y desafíos únicos. También, cada fase requiere de un conjunto de habilidades diferentes por parte de los misioneros.

La fase de descubrimiento incluye la identificación de personas no alcanzadas por el evangelio, el envío de misioneros pioneros y ganar terreno en un área no alcanzada. El papel del misionero es el de explorar, evangelizar y contactar a los ciudadanos locales interesados. El fruto de este período es de unas pocas iglesias. Sin embargo, a menudo las iglesias se asemejan más a iglesias del país del grupo misionero que a las del país receptor y su cultura. Durante la fase de descubrimiento, los misioneros realizan el ochenta por ciento de la obra, mientras que los ciudadanos locales contribuyen con veinte por ciento.

Las pocas iglesias fundadas en la fase de descubrimiento siguen creciendo y fundando otras iglesias, lo que lleva a una asociación de iglesias en la fase de *desarrollo*. En esta fase los misioneros ayudan a conectar a las iglesias, evangelizar e iniciar esfuerzos intencionales de discipulado entre los creyentes. Una cultura cristiana pequeña comienza a echar raíces en el país de acogida. Durante la fase de desarrollo, los misioneros realizan el sesenta por ciento de la obra, mientras que los ciudadanos locales contribuyen con el cuarenta por ciento.

La misión se desplaza a la fase de *implementación*, donde varias asociaciones de iglesias forman una convención o red. Este período comienza típicamente con un centenar de grupos o iglesias y continúa cobrando un mayor impulso. El papel del misionero es el de asegurar un desarrollo continuo del liderazgo, ayudar a solucionar los problemas a los ciudadanos locales en áreas problemáticas, y asistir a los ciudadanos cuando establezcan una estrategia para alcanzar a todo su pueblo. Durante la fase de implementación, los ciudadanos locales realizan el sesenta por ciento de la obra, mientras que los misioneros contribuyen con el cuarenta por ciento.

La última fase de cada misión es la *delegación*. En esta fase, los misioneros confían el trabajo a los creyentes nacionales. Los misioneros retoman el trabajo en los tiempos de entrenamiento, celebración y de colaboración. Durante la fase de delegación, los ciudadanos locales realizan el noventa por ciento de la obra, mientras que los misioneros contribuyen con el diez por ciento. La fase de descubrimiento comienza de nuevo, pero esta vez en la vida y obra de los creyentes locales.

Los misioneros extranjeros deberían reconocer que actualmente se encuentran en la fase de delegación en la mayor parte del mundo. El papel principal de un misionero hoy en día es el de entrenar, formar y ayudar a sus hermanos y hermanas locales para que lleven a cabo la misión que Dios les ha dado. Uno de los objetivos del *Entrenamiento Siguiendo a Jesús* es el de proporcionar a los misioneros herramientas sencillas y reproducibles para la fase de delegación.

¿Qué es la "regla de 5"?

Es, simplemente, que una persona debe practicar una habilidad cinco veces antes de que tengan la confianza necesaria para llevarla a cabo por sí misma. Después de entrenar a casi 5.000 personas de manera personal en los últimos nueve años, hemos visto que este principio ha sido demostrado en repetidas ocasiones.

Los seminarios de capacitación están llenos de adultos inteligentes y capaces, sin embargo usualmente pocos cambios se producen en sus vidas después del seminario. Una respuesta típica a este problema es que hay que hacer el contenido más interesante, o más memorable o (puedes llenar el espacio en blanco). Por lo general, el problema no es el contenido, sino el hecho de que no se ha practicado lo suficiente para que sea parte de sus vidas.

¿Por qué utilizas tantos movimientos de manos?

Las personas aprenden de lo que ven, de lo que oyen y de lo que hacen. Los métodos educativos occidentales hacen hincapié en el primer y segundo tipo de aprendizaje (especialmente en el formato de lectura). Muchos estudios documentan cómo los pequeños estudiantes retienen utilizando sólo el habla y el oído. El tercer estilo de aprendizaje - quinestésico - sigue siendo el método más olvidado cuando se capacita a otros. Hemos encontrado que los movimientos de las manos es la mejor manera de que un grupo memorice una gran cantidad de información. Ambas, las personas alfabetizadas y analfabetas podrán volver a contar mejor las historias cuando las combinen con los movimientos de manos.

Debes saber que no usábamos los movimientos de las manos cuando empezamos a entrenar a otros con el *Entrenamiento Siguiendo a Jesús*. Sin embargo, cambiamos nuestro enfoque cuando alteramos uno de los objetivos del entrenamiento, queríamos que los alumnos sean capaces de repetir todo el seminario al final del mismo. La memorización es un ingrediente clave en la mayoría de los establecimientos educativos de Asia. Hoy en día, la gente puede repetir todo el seminario de memoria hasta la última sesión debido a que usamos movimientos de manos. No podían hacerlo antes de que empecemos a usarlos. Después de unas breves lecciones, los estudiantes disfrutan el aprendizaje activo y se sorprenden al recordar el seminario completo al final.

Después de que empezamos a utilizar los movimientos de manos, nos dimos cuenta de un aumento en el número de líderes entrenando a otros líderes. La formación espiritual involucra más que sólo la mente. Si el corazón no cambia, entonces no se ha producido la transformación. Usar los movimientos de las manos nos ayuda a mover lo que hemos aprendido, desde la cabeza hasta el corazón. Es por eso que enseñar a los niños con movimientos de manos para ayudarles a recordar las verdades importantes de la vida. Tanto los adultos como los jóvenes y niños pueden aprender en un entorno multi-generacional cuando usamos movimientos de manos. Personalmente, yo uso los movimientos de manos con regularidad en mis tiempos de oración para mantenerme enfocado en la parte de la oración en que me estoy centrando - alabanza, arrepentimiento, perdón o sometimiento.

¿Por qué las lecciones son tan simples?

La razón principal de que las lecciones sean sencillas es que seguimos el ejemplo de enseñanza sencilla de Jesús. El hizo simple lo complejo. Nosotros hacemos lo simple, complejo. La preocupación de Jesús es el cambio de vida, no que se domine la "verdad última". Cuando enseñamos de una manera sencilla, los niños, jóvenes y adultos pueden aprender las lecciones en comunidad. No necesitas una máquina de rastreo de miles de dólares, con todas las campanas y silbatos para que te diga dónde está el "norte". Una brújula de bajo costo lo hará.

El libro de Proverbios dice que debemos buscar la sabiduría por encima de todo. La sabiduría es la habilidad para aplicar conocimientos a la vida con habilidad y con justicia. Nos hemos dado cuenta de que cuanto más complejo sea un plan, mayor será la probabilidad de que fracase. Pastores y misioneros en todo el mundo tienen planes estratégicos para misiones que les tomaron semanas o meses para desarrollarlos. La mayor parte de esos planes son guardados en un estante, en alguna parte. Algunas personas sostienen que el libro de Proverbios dice que evitemos ser simples. Sin embargo, proverbios dice que evitemos ser "simplones". La persona sabia realiza una tarea de manera que otros puedan emularla, un simplón hace lo contrario.

La buena noticia es que seguir a Jesús no depende de la inteligencia, del talento, de la escolaridad, de los logros o de la personalidad de una persona. Seguir a Jesús depende de la voluntad de una persona a obedecer los mandamientos de Jesús de inmediato, todo el tiempo y con un corazón de amor. Las enseñanzas complejas generalmente crean alumnos que no son capaces de aplicar las lecciones a sus vidas diarias. Jesús manda a los creyentes a que hagan discípulos, enseñándoles a obedecer todos Sus mandamientos. Creemos que los maestros impiden la obediencia de la gente cuando enseñan complejas lecciones que el alumno no puede enseñar a otra persona.

¿Cuáles son los errores comunes que se cometen cuando se entrena a otros?

Los entrenadores cometen errores de formación en tres áreas: personas, procesos y contenidos. Después de haber entrenado y ser capacitados por mucha gente, te ofrecemos estas observaciones que te ayudarán a fortalecer tus habilidades.

Cada alumno llega a una sesión de entrenamiento con experiencias, conocimientos y habilidades previas. Los capacitadores que no tomen en cuenta esto al comienzo de la sesión, corren el riesgo de formar a los alumnos en algo que ya saben cómo hacer. Una simple pregunta como "¿Qué es lo que ya sabemos sobre este tema?" ayuda a que los entrenadores conozcan el nivel adecuado del entrenamiento. Sin embargo, hemos visto a entrenadores que asumen que los alumnos saben más de lo que realmente saben. Los supuestos no probados siempre volverán a causarte problemas. La comunicación resuelve este problema. Las personas tienen diferentes estilos de aprendizaje y es un error basar el entrenamiento en uno o dos estilos. Si lo haces garantizas que algunos alumnos no se beneficiarán como hubieran podido con una mejor planificación de las lecciones. Las personas también tienen necesidades diferentes de acuerdo a sus diferentes personalidades. Formar de una manera que sólo apela a los extrovertidos excluye a los introvertidos. Concentrarse en las personas que centran en el "pensamiento" no es tan eficaz como las lecciones que se ocupan también en los "sentimientos".

El proceso de capacitación es otra área donde los maestros cometen errores. La formación que no incluye oportunidad alguna para la discusión, y se basa únicamente en el discurso del maestro no es un entrenamiento, sino una presentación. La formación es un viaje que implica a la persona como un todo, en el dominio de una habilidad, del carácter o el conocimiento. Hemos notado que los formadores se centran mucho en el contenido y no dan a los estudiantes la oportunidad de hablar sobre lo que han aprendido. Los momentos de aprendizaje para adultos más prolíficos son aquellos cuando hablan de la lección y su aplicación para sus vidas. Otro error común es usar las mismas técnicas de aprendizaje a lo largo del entrenamiento. Cualquier técnica formativa pierde eficacia si se utiliza con demasiada frecuencia. El último error es utilizar largas sesiones de entrenamiento. Como regla general, tratamos de enseñar la lección en una tercera parte del tiempo. Luego, pedimos a los estudiantes que practiquen la lección durante otra tercera parte del tiempo. Por último, se lleva a cabo una discusión sobre la aplicación de la lección en la última tercera parte del tiempo formativo. Por lo general, en una sesión de noventa minutos los estudiantes nos escuchan hablar durante veinte.

Por lo general, la razón por la que las sesiones de entrenamiento duran mucho tiempo, es que el entrenador está impartiendo demasiado contenido - la zona final donde los entrenadores cometen errores. Un buen contenido formativo cubrirá el conocimiento, el carácter, la habilidad y la motivación. Si el entrenador proviene de una familia occidental, muy probablemente es que se centre en la parte del conocimiento, asumiendo que el "conocimiento" produce el resto. Tal vez hablen acerca del carácter y la motivación, pero rara vez abordan la práctica de habilidades. A menudo, los formadores entrenan utilizando el mismo método que recibieron en su entrenamiento. Sin embargo, romper con el pasado puede ser necesario para un cambio real en la vida del estudiante. Un excelente entrenamiento no se esfuerza por presentar la información por sí sola. El objetivo es la transformación. Hemos notado que los entrenadores no adaptan sus materiales al nuevo entorno o cultura, sino que esperan que los agricultores de arroz rurales manejen el contenido de la misma manera que los jóvenes profesionales urbanos. La falta de oración es la razón más común de este error.

Según nuestra experiencia, el error más grande que cometen los entrenadores, es no dar a los estudiantes el tiempo necesario para practicar lo que han aprendido. Los entrenadores enfrentan la tentación de considerar la formación como un evento unitario, en vez de una jornada continua. Una señal indudable de estar ante una "perspectiva tipo evento" es la actitud: "Ya los tenemos aquí reunidos. Vamos a derramar tanto conocimiento en ellos como podamos". Concentrarse en dar a los estudiantes un proceso bíblico para entrenar a otros, involucra un cambio de paradigma. Los entrenadores se preocuparán más por la persona que el alumno capacitará, en lugar de preocuparse solamente en el alumno. Si impartes más contenido que tiempo de práctica, podrás ser culpable de darle a la gente más de lo que razonablemente pueden obedecer o compartir con los demás. Se les estará conduciendo al fracaso, en lugar de al éxito.

¿Qué sugiere, si no hay líderes para entrenar?

Los líderes en crecimiento atraen a otros líderes en crecimiento. Cuando te comprometes a seguir a Jesús y su estilo de liderazgo, Dios bendecirá y enviará a otros a caminar junto a ti. No obstante, tenemos que dar el primer por fe. Jesús vive en cada creyente y desea que Su reino llegue y que Su voluntad se haga. El señorío y el liderazgo deben trabajar juntos. Recuerda, nosotros no tenemos porque no pedimos. Ora para reconocer a los líderes que Dios está desarrollando. Ora para que un corazón de aceptación y aliento. Ora por la perspectiva de Jesús sobre el liderazgo. Los pescadores hacen buenos apóstoles.

Concéntrate en las personas que Dios ya te ha dado, no en las personas que no tienes. Comienza a desarrollar las personas que te siguen para que sean líderes fuertes. Cada persona guía a alguien. Los padres guían a sus familias. Las madres guían a sus hijos. Los maestros guían a sus estudiantes. Los empresarios guían a sus comunidades. Los principios de liderazgo que se enseñan en el *Entrenamiento Siguiendo a Jesús* pueden ser aplicados en cualquiera de estas relaciones. Las personas crecen a la altura de nuestras expectativas. Trata a cada persona como si esa persona ya fuera un líder y ve lo que Dios hace en su vida.

Considera la posibilidad de organizar un seminario de liderazgo. Da a conocer la reunión a través de grupos de liderazgo existentes, el Club de Leones, la Cámara de Comercio, el consejo del pueblo o el dirigente de barrio. Utiliza estos materiales de capacitación para equipar a los líderes empresariales con los principios de liderazgo del líder más grande de todos los tiempos. Organizar un evento no sólo te dará credibilidad en la comunidad, sino también crecerás como líder. Si las personas en tu grupo no tienen seguidores de Jesús, entrénalos en un grupo tipo "primo", compartiendo la visión de llegar a los excluidos.

¿Cuáles son los primeros pasos que los líderes deben tomar cuando comiencen a entrenar a nuevos líderes?

Jesús pasó una noche entera en oración antes de seleccionar los líderes, por lo que la oración es el mejor lugar para empezar. Ora por los líderes que nazcan de la cosecha para dirigir la cosecha.

Al orar, recuerda que Dios mira el corazón y el hombre mira la apariencia exterior. Busca fidelidad y carácter en los líderes potenciales. Con demasiada frecuencia, nos concentramos en el talento y en las primeras impresiones. Pasa tiempo en oración pidiendo a Dios que levante líderes apasionados y espirituales.

Después de haber orado, comienza a compartir consistentemente una visión de líderes siguiendo el ejemplo de Jesús como líder. Ora con tu familia y amigos, pidiendo a Dios que les ayude a convertirse en mejores líderes. Pregunta a las personas que Dios lleve a tu camino si les gustaría aprender a ser líderes más fuertes. Difunde constantemente la visión de amigos que se ayudan entre sí para convertirse en líderes más fructíferos. Mientras difundas la visión para el desarrollo de líderes, fíjate en las personas que estén interesadas y animadas con lo que transmites.

El siguiente paso es pedir a Dios que te muestre a los líderes que Él esté levantando. No trates de escogerlos sólo. Que se "auto seleccionen" por su disposición a hacer las tareas requeridas para los líderes. Nosotros no "nombramos" a los líderes, sino que "ungimos" a líderes que ya están mostrándose como fieles. Con demasiada frecuencia, las personas a las que habríamos elegido de "último" en nuestra lista de líderes potenciales, Dios las escogió "en primer lugar". Busca a las personas inconformes con el statu quo. Concéntrate en la gente dispuesta a aprender y seguir. No te desilusiones si el liderazgo en el nivel superior de una organización muestra muy poco interés.

Por último, empieza a dar pasos para el cumplimiento de tu propio Plan de Jesús. Nada atrae más, a los líderes actuales y potenciales, que la acción. La gente le gusta ser parte de un equipo ganador. En la medida que Dios bendiga tu Plan de Jesús, Él también enviará a la gente para ayudarte. La mayoría de las veces Dios enviará a miembros de familia, amigos y gente de negocios de éxito. Los líderes tienen seguidores. Al seguir a Jesús, darás a otros una dirección clara que puedan seguir. Alguien tiene que iniciar el viaje en tu grupo. ¡Que seas tú!

¿Cuáles son las diferentes configuraciones que los entrenadores han utilizado en *Entrenando Líderes Radicales*?

Si sólo tienes un día, se recomienda la enseñanza de las secciones "Cómo Entrenó Jesús a los Líderes", "Siete Cualidades de un Gran Líder" y "Ocho Roles de Cristo". Esto equipará a los líderes con las habilidades, el carácter y la pasión para entrenar a otros líderes. Si te piden que regreses, enseña el resto de las lecciones para completar sus conocimientos en liderazgo y competencia, y darles un buen plan estratégico a seguir. Este enfoque funciona mejor en lugares donde la gente está ocupada y tienen poco tiempo para asistir a las sesiones de entrenamiento.

Si sólo pueden reunirse cada semana o cada dos semanas, se recomienda impartir el seminario lección por lección. Las habilidades se construirán una sobre otra, y los líderes obtendrán una base sólida después de 10 o 20 semanas. Alienta a los líderes a que capaciten a nuevos líderes en el intervalo entre reuniones, utilizando las lecciones que les estas enseñando. Este enfoque funciona mejor cuando las personas son gente ocupada, pero son capaces de comprometer un tiempo específico para estudiar cada semana. Pide a los líderes que enseñen fuera de clase cualquier lección que otros pierdan debido a una enfermedad o circunstancia imprevista.

Si cuentas con tres días, se recomienda seguir el orden de este manual. Deja suficiente tiempo para la discusión y usa los tiempos de descanso para reuniones uno-a-uno con los líderes. Al final de cada período de sesiones, pide a los líderes que respondan a la siguiente pregunta: "¿Qué te está diciendo Dios acerca de esta lección?". Permite que procesen sus respuestas con el grupo. Los adultos aprenden mejor cuando discuten y luchan unidos contra los problemas. También obtendrás información acerca de las necesidades del grupo. Este enfoque funciona mejor en Seminarios o Escuelas Bíblicas, con un ministerio a tiempo completo y en un ambiente rural o en pueblos, donde la gente trabaja de acuerdo a las temporadas agrícolas.

Apéndice B

Listas de Control

Un Mes antes de la Formación

- *Enlista un Equipo de Oración-* Enlista un equipo de oración de doce personas para que interceda por el entrenamiento, antes y durante la semana de entrenamiento. ¡Esto es MUY importante!
- *Enlista un Aprendiz-* Enlista un aprendiz para que enseñe en equipo contigo, alguien que ha asistido previamente a Entrenando Líderes Radicales.
- *Invite a los Participantes-* Invite a los participantes de una manera culturalmente sensible. Envíe cartas, invitaciones, o realice llamadas telefónicas. El tamaño ideal para un seminario de capacitación *Entrenando Líderes Radicales* es de 16 a 24 líderes. Con la ayuda de varios aprendices, se puede entrenar a un máximo de 50 líderes. Las sesiones de *Entrenando Líderes Radicales* también se puede hacer efectiva semanalmente con un grupo de tres o más líderes.
- *Confirma la Logística-* Gestiona el alojamiento, las comidas y el transporte para los líderes, según sea necesario.
- *Arregla el Lugar de Sesiones-* Organiza una sala de reuniones con dos mesas para suministros en el fondo de la sala, las sillas dispuestas en círculo para los participantes y

un espacio suficiente para las actividades de aprendizaje durante las sesiones. Si es más apropiado, coloca esteras en el suelo en vez de sillas. Planea dos recesos cada día, y provee café, té y bocadillos.
- *Reúne los Materiales de Formación-* Reúne Biblias, una pizarra blanca u hojas grandes de papel, notas para los estudiantes, notas para el líder, marcadores o lápices de colores, cuadernos (como las que usan los estudiantes en la escuela), bolígrafos o lápices, una pelota de Chinlone y premios.
- *Organizar Times de Culto-* Utilice hojas de canciones o un libro de coros para cada participante. Busque en el grupo una persona que toque la guitarra y pídale que le ayude a acompañarlos en los tiempos de adoración.

Después del Entrenamiento

- *Evalúa Cada Parte del Entrenamiento con su Aprendiz-* Dedica tiempo para revisar y evaluar el tiempo de entrenamiento junto con su aprendiz. Crea una lista de aspectos positivos y negativos. Haz planes para mejorar el entrenamiento la próxima vez que lo impartas.
- *Conéctate con Aprendices Potenciales Sobre cómo Ayudar en Futuras Capacitaciones-* Ponte en contacto con dos o tres líderes que hayan mostrado el potencial de liderazgo durante el entrenamiento para que colaboren en un *Entrenando Líderes Radicales* en el futuro.
- *Anime a los Participantes de la Capacitación a que Lleve un Amigo para el Siguiente Entrenamiento-* Anime a los participantes de la capacitación que asistan con compañeros del ministerio, la próxima vez que asistan. Si lo hacen, se acelerará el número de líderes que estén entrenando a otros líderes.

Apéndice C

NOTAS PARA EL TRADUCTOR

El autor autoriza traducir este material de capacitación a otros idiomas que Dios indique. Por favor, siga las siguientes instrucciones al traducir los materiales del *Entrenamiento Siguiendo a Jesús (FJT, por sus siglas en inglés)*:

- Antes de comenzar el trabajo de traducción, se recomienda capacitar varias veces a otros con materiales FJT. La traducción debe hacer hincapié en el significado y no debe ser una traducción literal, palabra por palabra. Por ejemplo, si "caminar con el Espíritu" se traduce como "vivir en el Espíritu" en tu versión de la Biblia, utilice la frase "vivir en el Espíritu" en los materiales FJT. Modifica los movimientos de las manos cuando sea necesario.
- La traducción debe estar en lenguaje común y no en el "lenguaje religioso" de tu comunidad, tanto como sea posible.
- Al citar las Escrituras, utilice una traducción de la Biblia que la mayoría de las personas de su comunidad entiendan. Si sólo existe una sola versión traducida, y es difícil de entender, actualice los términos de las Escrituras citados para hacerlos más claros.
- Utiliza un término que tenga un significado positivo para cada una de las ocho imágenes de Cristo. Con frecuencia,

el equipo de capacitación necesitará experimentar con el "término adecuado" varias veces antes de encontrar el correcto.
- "Siervo" es a veces difícil de traducir en un sentido positivo, pero es importante que se lo haga. Elije cuidadosamente un término que exprese a una persona que trabaja duro, tiene un corazón humilde, y disfruta de ayudar a los demás. La mayoría de las culturas tienen la idea de un "corazón de siervo".
- Se adaptó varias de las dramatizaciones de capacitación para el sudeste de Asia, del Seminario "Entrena y Multiplica" de George Patterson. Siéntate libre de adaptarlas a tu cultura utilizando elementos e ideas familiares a tu comunidad.
- Nos encantaría conocer tu trabajo y ayudarte en todo lo que podamos.
- Contáctate con nosotros escribiendo a *lanfam@FollowJesusTraining.com* ¡para colaborarte y conocer más personas seguir a Jesús!

Apéndice D

Más Recursos

Puedes acceder a varios recursos en línea que te ayudarán a entrenar a otros para que sigan a Jesús en www.FollowJesusTraining.com.

Los recursos incluyen:

1. *Artículos y reflexiones sobre formación escritos por el autor.*
2. *Videos de todos los movimientos de manos de Entrenando Líderes Radicales.*
3. *Traducciones de Entrenando Líderes Radicales. Las traducciones varían en calidad, así que consulte con creyentes locales y nacionales antes de usarlos.*

Contáctate con nosotros en *lanfam@FollowJesusTraining.com* para obtener más información acerca de los proyectos actuales y eventos de capacitación.

www.ingramcontent.com/pod-product-compliance
Lightning Source LLC
Chambersburg PA
CBHW071459040426
42444CB00008B/1409